Geschenke aus meiner Backstube

Süße Kleinigkeiten für die Liebsten

♥

Geschenke aus meiner Backstube

Süße Kleinigkeiten für die Liebsten

♥

von der Konditorenweltmeisterin
Andrea Schirmaier-Huber

mit Fotos von Benedikt Roth

Vorwort

Dieses Buch war eine Herzensangelegenheit von mir. Meine Sammlung an Rezepten geht auf die vierte Konditoren-Generation zurück und ich könne ganz dicke Schwarten schreiben. Mehr Tradition geht nicht! Und daher hüpfte mein Herz, als ich „Geschenke aus meiner Backstube" machen durfte.

Ich schenke für mein Leben gern. Kleine Dinge für Menschen, die mir am Herzen liegen. Denn es gibt Momente, da möchte man Danke sagen, überraschen oder jemandem, der am Boden ist, wieder ein Lächeln ins Gesicht zaubern. Es sind diese Kleinigkeiten, die unsere Welt für einen Moment besser machen. So entstanden die Kapitel „Seelentröster", „Zauberhaft", „Glücklich" und „Schoko" – obwohl Schoko natürlich immer zauberhaft ist und die Seele tröstet oder glücklich macht! Es ist für mich eine besondere Art an Wertschätzung, diese Geschenke mit viel Liebe selbst zu machen. Manch einer mag befürchten, dass die Rezepte von einer Weltmeisterin viel zu schwer sein könnten, aber keine Angst: das sind sie nicht. Im Gegenteil, sie sind sogar wirklich leicht. Und das Wichtigste beim Backen sind sowieso Leidenschaft und Spaß, mehr braucht man nicht.

Ich wünsche allen also viel Freude beim Backen und mit den Glücksmomenten, wenn man die kleinen Kunstwerke verschenkt und die Augen des Beschenkten leuchten.

Eure

Andrea Schirmaier-Huber

inhalt

Vorwort · 4
Starten · 8

Rezepte
Schoko · 16
Glücklich · 44
Zauberhaft · 74
Seelentröster · 108

Register · 134
Impressum · 144

ten

Ein paar Tipps vorweg

Das A und O beim Backen sind sehr, sehr gute Rohstoffe. Jeder der mich kennt, weiß: Ich bin kein überzeugter Bio-Anhänger. Ich bin eher der regionale Typ. Milch, Butter, Mehl, Eier, aber auch Haferflocken und Nüsse gibt es fast überall in Deutschland beim Bauern im Hofladen oder auf Wochenmärkten. Die Möglichkeit sollte man auch wirklich nutzen, denn zu wissen wo etwas herkommt und wer es gemacht hat, lässt uns die Produkte wieder viel mehr wertschätzen. Abgesehen davon, kann ich mich beim Bauern häufig direkt von der Qualität der Produkte überzeugen. Und Qualität ist super wichtig. Das heißt nicht, dass man immer die teuersten Rohstoffe kaufen muss, aber zum Beispiel bei Nüssen und Kuvertüre gibt es große Unterschiede. Nüsse sollen schließlich frisch sein, damit sie ein rundes Aroma haben und nicht ranzig oder muffig schmecken. Bei der Kuvertüre sind billige nicht empfehlenswert, da sie keinen feinen Schmelz und Geschmack haben, was z. B. beim Fudge, bei Trinkschokolade oder Pralinen sehr wichtig ist, da die Schokolade ja der Hauptbestandteil des Rezepts ist und der Schokoladengeschmack absolut im Mittelpunkt steht.

Natürlich sind beim Backen ein paar Regeln zu befolgen, damit es klappt und Massen schaumig, Teige ausrollfähig und Kuvertüre glänzend werden. Ich habe versucht, die Rezepte so aufzuschreiben, dass sie absolut gelingsicher sind. Also: Welche Schritte sind nötig, um das perfekte Produkt zu bekommen. Gerade Neulinge beim Backen sollten sich bitte daran halten und vielleicht lieber mit besonders einfachen Sachen beginnen. Denn wenn das erste Erfolgserlebnis da ist, will man immer mehr machen. So startet ein Anfänger zum Beispiel mit Brownies, steigert sich dann bis zu Pralinen oder Macarons.

Wichtig ist, dass ihr euch Zeit nehmt. Das Backen geht nicht mal eben schnell nebenher, denn dann wundert man sich, warum der Kuchen speckig ist, die Kuvertüre nicht fest wird oder das Fruchtgelee grisselig. Ideal ist es, sich vorher alle Zutaten anzuschauen und das Rezept durchzulesen. So kann man eventuell noch schnell fehlende Sachen einkaufen und weiß schon, ob der Teig vielleicht vor der Weiterverarbeitung noch in den Kühlschrank muss oder dass es schlau gewesen wäre, das Eiweiß noch aufzubewahren. Und dann kann's aber auch schon losgehen.

Der Backofen ist ein eigenes Lebewesen! Ich habe schon in so vielen verschiedenen Backöfen gebacken und ich muss sagen: jeder hat ein Eigenleben. Es ist nicht wichtig, ob der Ofen 20 Jahre alt ist oder ein neuer Luxusbackofen. Man muss seinen Backofen nur kennen. Der eine ist schneller, der nächste backt viel intensiver (da muss ich dann mit der Temperatur und Backzeit aufpassen) und der dritte backt vielleicht ungleichmäßig. Dadurch ist es ein wenig schwer, eine exakte Backzeit anzugeben. Es empfiehlt sich daher immer, nicht die volle, angegebene Backzeit zu nehmen, sondern vorher schon mal mithilfe der altbewährten Stäbchenprobe den Garzustand zu überprüfen und lieber dann noch 2–5 Minuten dranzuhängen, als hinterher verbrannte Kekse zu haben.

Dazu kommt noch, dass die Backformen oft verschiedene Größen haben und die Backzeit nicht bei allen dieselbe ist. Also: Immer mitdenken und den Backofeninhalt gut im Auge behalten.

Und seid ruhig mutiger. Wenn ihr ein Rezept sehr lecker fandet, aber meint, es könnte etwas mehr Minzöl oder Tonkabohne hinein: Tut es einfach! So gebt ihr eurem Gebäck eine persönliche Note und macht es individuell. Das ist es auch, warum ich meinen Beruf so liebe, es gibt so viele Möglichkeiten, Rezepte abzuwandeln, zu verfeinern.

Zum Abschluss, wenn das Gebäck ganz fein gelungen ist, kommt das Verpacken, denn schließlich möchtet ihr ja auch noch lieben Menschen eine Freude machen. Klar, kann man einfach eine Box hier oder ein Kästchen dort kaufen. Aber ich möchte euch in diesem Buch gerne zeigen, dass ihr das alles gar nicht braucht. Lasst euch ein bisschen von den Fotos oder meinen Tipps inspirieren. Ihr könnt bei Einweggläsern ein Plastiktier auf den Deckel kleben und beides hübsch anmalen (s. S. 56) und schon sieht der Deckel aus, als wäre er aus Porzellan. Eine Zigarren- oder Streichholzschachtel mit schönem Papier beklebt ist eine perfekte Pralinenschachtel (s. S. 34, 38, 66 oder 94). Oder ihr könnt alte Backformen (s. S. 94), Löffel (s. S. 50), Küchenutensilien (s. S. 64) verschenken, oder was auch immer noch eine schöne Geschichte erzählt. Es gibt so viele Möglichkeiten, und eine feine Verpackung zu suchen, aufzumöbeln oder zu basteln, macht mindestens genau so viel Spaß wie das Backen selbst.

sch

Brezel-Karamell-Brownies

Verschenken lassen sich die Brownies etwas einfacher ohne die köstliche Frischkäsecreme. Aber sie ist einfach so lecker und gibt den Brownies noch einen extra Kick, daher lohnt es sich, ein bisschen mehr Zeit für das Verpacken aufzuwenden. Wenn ihr keine Lust zum Basteln habt, gibt es schöne Pappschachteln zu kaufen, in die ihr die Brownies legen könnt.

Quadratische Form (24 x 24 cm)

Brownies
- 150 g Zartbitterkuvertüre
- 125 g Butter zzgl. etwas zum Einfetten
- 50 g geräucherte Erdnüsse
- 100 g Weizenmehl (Type 405)
- 25 g Kakaopulver
- ½ TL Backpulver
- 1 Prise Salz
- 125 g brauner Zucker
- 2 TL Vanillezucker (Rezept S. 106)
- 2 Eier (Größe M)

Topping
- 80 g Erdnussbutter mit Stücken
- 400 g Frischkäse
- 45 g Knusper-Brezeln
- 60 g geräucherte Erdnüsse
- 45 g fertige Karamellsauce oder Karamellbrotaufstrich

Kuvertüre und Butter in einem Wasserbad bei niedriger Hitze schmelzen, dabei nicht heiß werden lassen. Die Erdnüsse grob hacken. Mehl, Kakaopulver, Backpulver und Salz in eine Schüssel sieben. In einer zweiten Schüssel Zucker, Vanillezucker und Eier schaumig rühren, bis der Zucker sich komplett aufgelöst hat. Die Kuvertüre-Butter-Masse gut unter die Eiermasse rühren. Mehl-Mischung unterrühren. Erdnüsse dazugeben und ebenfalls unterrühren.

Den Backofen auf 150 °C Ober-/Unterhitze vorheizen. Die Backform einfetten und die Masse in die Form füllen. Im Ofen 10–15 Minuten backen. Aus dem Ofen nehmen und gut auskühlen lassen.

Inzwischen die Erdnussbutter leicht schmelzen, abkühlen lassen. Den Frischkäse aufschlagen, die erkaltete Erdnussbutter unter Rühren einlaufen lassen und die Masse auf den Brownies verteilen. Brezeln und Erdnüsse darüberstreuen und mit der Karamellsauce garnieren.

Schokoladen-Marshmallows

Quadratische Form
(24 x 24 cm)

Marshmallows
- 18 g gemahlene Gelatine
- 180 ml kaltes Wasser
- 300 g Puderzucker
- 1 EL Kakaopulver
  zzgl. etwas zum Bestäuben

außerdem
- 1 EL Öl
- 30 g Speisestärke
- 15 g Puderzucker

Die Gelatine mit dem kalten Wasser verrühren und 4 Minuten quellen lassen. Anschließend sorgfältig rühren, bis die Gelatine sich komplett aufgelöst hat. Den Puderzucker in eine Schüssel sieben. Puderzucker und Gelatine-Flüssigkeit 5 Minuten aufschlagen, bis eine luftige Masse entsteht. Den Kakao ebenfalls sieben und unter die Masse rühren.

Die Form ganz dünn mit Öl einfetten. Speisestärke mit Puderzucker mischen und sieben. Die Form mit etwas Speisestärke-Puderzucker-Mischung ausstäuben, dazu die Mischung noch einmal durch ein Sieb direkt in die Form stäuben. Die restliche Mischung beseitestellen.

Die Masse in die Form füllen, glatt streichen, mit Frischhaltefolie abdecken und fest werden lassen, bis die Masse schnittfest ist (das dauert ca. 4 Stunden). Die Frischhaltefolie entfernen, mit etwas der Speisestärke-Puderzucker-Mischung bestäuben, und die Marshmallowmasse mit einem Messer vom Rand der Form lösen. Marshmallows aus der Form stürzen und in Stücke schneiden. Die einzelnen Stücke in Kakaopulver wälzen oder rundum damit bestäuben.

• 21 •

Schoko-Madeleines

Madeleines-Backform
(8er- oder 12er-Form)

Spritzbeutel mit Lochtülle
(Tülle sollte etwas kleiner
als die Form sein)

- 90 g Weizenmehl (Type 405)
- 1 EL Kakaopulver
- 1 TL Backpulver
- 100 g Butter zzgl. etwas zum Einfetten
- 85 g Zucker
- 1 Prise gemahlener Zimt
- 2 Eier (Größe M)
- 50 g Zartbitterkuvertüre

Mehl, Kakaopulver und Backpulver in eine Schüssel sieben. Die Butter zerlassen. Zucker, Zimt und Eier in einer zweiten Schüssel gut vermengen. Die Mehlmischung dazugeben und unterrühren. Die zerlassene Butter ebenfalls unterrühren. Den Teig 10 Minuten quellen lassen.

Den Backofen auf 200 °C Ober-/Unterhitze vorheizen. Die Form mit etwas Butter fetten. Den Teig in einen Spritzbeutel füllen und die Formen füllen. Im Ofen je nach Formgröße 8–15 Minuten goldbraun backen, die Backzeit richtet sich nach Größe und auch Tiefe der Mulden. Aus dem Ofen nehmen, aus der Form stürzen und, falls noch Teig übrig ist, eine zweite Runde backen.

Die Kuvertüre im Wasserbad bei geringer Hitzezufuhr temperieren (s. Tipp S. 38), in ein kleines Tütchen füllen, die Ecke abschneiden und die ausgekühlten Madeleines damit dekorieren.

· 23 ·

Espresso-Fudge

Zum Verschenken schneide ich den Fudge in mundgerechte Stücke und wickle ihn wie ein Bonbon in kleine Stücke Pergamentpapier ein. Das sieht hübsch aus, aber ehrlich, diese kleinen Häppchen laden beim Verpacken soooo zum Naschen ein ... gefährlich!

Quadratische Backform (24 x 24 cm)

- 350 g Zartbitterkuvertüre
- 1 Dose süße Kondensmilch (400 g)
- 1 TL natürliches Kaffeearoma
- 45 g weiche Butter
- 30 g Kakaobohnenbruch

Die Form mit Backpapier auslegen, sodass dieses etwas über den Rand hinaussteht. Die Kuvertüre klein hacken, mit Kondensmilch, Kaffeearoma und Butter mischen. Im Wasserbad erwärmen und die Kuvertüre temperieren (s. Tipp S. 38). Die Masse sollte eine dickliche Konsistenz haben.

Die Schokomasse in die vorbereitete Form geben und glatt streichen. Mit dem Kakaobohnenbruch bestreuen, mit Frischhaltefolie abdecken und mind. 3 Stunden im Kühlschrank fest werden lassen.

Fudge aus der Form lösen und in beliebig große Würfel schneiden.

Tipp: Zum Aufbewahren in luftdicht verschließbare Gläser oder Dosen geben und im Kühlschrank lagern. Wer kein Kaffeearoma zur Hand hat, kann den Kakaobohnenbruch gegen Kaffeebohnenbruch tauschen.

· 25 ·

Backmischungen für Müsliriegel

Einmachglas (mind. 520 ml) kleines Schraubglas oder kleine Flasche (ca. 200 ml)

POWER-MÜSLIRIEGEL

Für das Glas
- 80 g kernige Haferflocken
- 20 g Mohn
- 50 g zarte Haferflocken
- 40 g Kürbiskerne
- 50 g Kokosflocken
- 30 g Haselnusskerne

Zum Dazuschenken
- 150 g Orangenhonig

Zuhause dazugeben
- 150 g Butter

PHYSALIS-MÜSLIRIEGEL

Für das Glas
- 30 g ungeröstete Pistazienkerne
- 50 g Kokosflocken
- 80 g kernige Haferflocken
- 20 g Chia-Samen
- 50 g zarte Haferflocken
- 40 g Kürbiskerne

Zum Dazuschenken
- 150 g Akazienhonig
- 60 g weiße Schokolade
- 30 g getrocknete Physalis

Zuhause dazugeben
- 150 g Butter

Anleitung für den Schenkenden

Sämtliche Gläser werden zunächst mit kochend heißem Wasser ausgespült und gut abgetrocknet. Nüsse und größere Kerne grob oder etwas feiner hacken. Dann werden die trockenen Zutaten nach der Reihenfolge in der Zutatenliste in ein Glas (mind. 520 ml) gefüllt. Das Glas fest zuschrauben.

Einige Zutaten könnt ihr noch dazuschenken: Honig lässt sich in ein kleineres Glas (ca. 200 ml) oder eine kleine Flasche füllen und ebenfalls fest verschließen. Schokolade in Pergamentpapier oder Alufolie einschlagen, Trockenfrüchte wie Physalis in kleine Beutelchen füllen. Zuhause muss der Beschenkte dann nur noch die Butter aus dem Kühlschrank holen.

Die Backanleitung für den Beschenkten

Du brauchst noch 150 g Butter aus deinem Kühlschrank.

Heize den Backofen auf 150 °C Ober-/Unterhitze vor. Honig und Butter in einem Topf erwärmen, bis die Butter geschmolzen ist. Den Topf vom Herd nehmen und die Backmischung aus dem Glas zügig unterrühren.

Die Masse etwa 1 cm hoch auf ein mit Backpapier ausgelegtes Backblech streichen und im Ofen 12–20 Minuten backen. Aus dem Ofen nehmen, auskühlen lassen und in Riegel schneiden.

Zusätzlich beim Physalis-Müsliriegel

Die Schokolade im Wasserbad temperieren (s. Tipp S. 38) und die Riegel damit garnieren. Sofort die Physalis daraufstreuen und erkalten lassen.

• 27 •

Zimt-Weinbrand-Trinkschokolade

5 große, alte Suppenlöffel

Mini-Pipetten oder
5 kleine Flaschen (10 ml)

Zum Verschenken
- 100 g Zartbitterkuvertüre
- 5–10 cl Weinbrand
  (nach Geschmack)
- 3 Prisen gemahlener Zimt
- 1 TL Schokoladenkügelchen
  zum Bestreuen

Zuhause dazugeben
- 200 ml Milch pro Portion

Die Zartbitterkuvertüre im Wasserbad temperieren (s. Tipp S. 38). Pipetten oder kleine Flaschen mit dem Weinbrand befüllen, die Flasche mit dem Deckel, die Pipette mit etwas Kuvertüre verschließen.

Die Kuvertüre mit Zimt abschmecken. Tiefe Esslöffel zum Befüllen waagerecht auf Schüsseln legen und mit Kuvertüre füllen, die Pipette vorsichtig einlegen und mit kleinen Schokoladenkügelchen bestreuen. Erkalten lassen und in Zellophan eingeschlagen verschenken.

Alternativ Mini-Muffinförmchen mit der Kuvertüre füllen und Pipetten und Schokokugeln einfüllen oder den Weinbrand in kleinen Fläschchen dazuschenken.

Zuhause nur die Milch erhitzen und den Schokolöffel hineingeben. Die Schoko unter Rühren lösen, sobald sie warm wird, die Pipette entnehmen und die Trinkschokolade mit dem Weinbrand pimpen.

Tipp: Wenn ihr keine alten Löffel habt, könnt ihr stattdessen auch Einweg-Bambuslöffel nehmen oder Mini-Muffinförmchen oder Mini-Crinkle-Cups (z.B. von Brinkmann), wie auf S. 111).

· 29 ·

Mango-Rum-Trüffel mit Blattgold

Aus feinen Tortenspitzen (Durchmesser ca. 20 cm) lassen sich kleine Tütchen für die Trüffel drehen. Mit hübschen Aufklebern, Klebestift oder einem Kleberoller für Fotos fixieren.

Spritzbeutel mit Lochtülle (Tülle sollte etwas kleiner als die Hohlkörperöffnung sein)

Küchenthermometer

- 1 reife Mango oder 80 g Mangomark
- 275 g weiße Kuvertüre
- 125 g Sahne
- 20 g Glukosesirup
- 25 g Rum
- ca. 50 Zartbitterkuvertüre-Hohlkörper (z. B. von Bos Food)
- 400 g Zartbitterkuvertüre
- essbares Blattgold oder essbarer Goldstaub

Die Mango schälen und den Stein entfernen. Das Fruchtfleisch grob zerteilen, fein pürieren und durch ein Sieb passieren. 80 g Fruchtmark abwiegen.

Die weiße Kuvertüre klein hacken und in eine Schüssel geben. Sahne, Glukosesirup und das Fruchtmark erhitzen und über die Schokolade gießen. Kurz ruhen lassen und zu einer glatten homogenen Masse verrühren. Mit dem Rum abschmecken.

Die Trüffelmasse auf 25 °C abkühlen lassen, in einen Spritzbeutel füllen und die Masse in dunkle Hohlkugeln einfüllen.

Etwas von der Zartbitterkuvertüre im Wasserbad temperieren (s. Tipp S. 38), in ein Tütchen füllen und die Hohlkörper damit verschließen. Komplett fest werden lassen.

Die restliche Kuvertüre im Wasserbad temperieren, Trüffelkugeln damit überziehen und auf einem Gitter rollen. Sofort das Blattgold auflegen oder mit Goldstaub bestäuben.

· 31 ·

Zimt-Schoko-Baiser

Große Baiser-Kleckse einzeln in Zellophan einschlagen und mit einem hübschen Schleifchen versehen, kleine Baisers in Dosen verpacken. Die Dosen entweder mit schönem Papier oder Stoffstückchen ausschlagen.

digitales Küchenthermometer

- 150 g Eiweiß
- 1 Prise Salz
- 2 Prisen gemahlener Zimt
- 300 g Zucker
- 40 g Wasser
- 1 TL Kakaopulver

Eiweiß, Salz und Zimt mit 150 g Zucker zu Eischnee schlagen. Den restlichen Zucker (150 g) mit dem Wasser in einen Topf geben, verrühren und auf 117 °C erhitzen, dann vom Herd nehmen. Der so entstandene Zucker nennt sich Flugzucker. Den heißen Flugzucker in einem dünnen Strahl bei laufender Maschine in den Eischnee einlaufen lassen. Dann den Eischnee rühren, bis er kühler und stabil ist.

Den Backofen auf 80 °C Ober-/Unterhitze vorheizen. Etwas Kakaopulver über den Eischnee streuen und grob unterheben, sodass eine schöne Marmorierung entsteht. Mit einem Löffel wilde Kleckse der Baisermasse auf ein mit Backpapier ausgelegtes Backblech geben. Im Ofen trocken, je nach Größe der Baisers 10–15 Minuten.

Tipp: Optimal ist es, wenn das Thermometer an den Topf geklippt werden kann, damit ihr die ganze Zeit die Temperatur im Auge behalten könnt.

Schokolierte Espressobohnen

Gebrannte Mandeln

Große Streichholzschachteln gut säubern, mit Pergamentpapier oder Alufolie auskleiden, die Boxen hübsch bekleben und mit den Mandeln und Bohnen füllen.

ESPRESSOBOHNEN

- 100 g Puderzucker
- 100 g Zartbitterkuvertüre
- 50 g geröstete Espressobohnen

GEBRANNTE MANDELN

- 200 g Zucker
- 2 TL Vanillezucker (Rezept S. 106)
- 1 Prise geriebene Tonkabohne
- 100 ml Wasser
- 200 g Mandeln mit Schale
- etwas Butter zum Einfetten

Espressobohnen

Den Puderzucker sieben und in einen flachen Behälter geben. Die Kuvertüre hacken und im Wasserbad temperieren (s. Tipp S. 38). Die Espressobohnen und die Kuvertüre gut vermengen, sodass die Bohnen vollständig mit Schokolade überzogen sind. Die Bohnen herausnehmen und auf ein Gitter geben, sodass die überschüssige Schokolade gut abtropfen kann. Die Bohnen in der vorbereiteten Puderzuckerbox hin und her wälzen, bis sie komplett bestäubt sind. Die Bohnen im Puderzucker komplett abkühlen lassen, dann herausnehmen.

Gebrannte Mandeln

Für die gebrannten Mandeln den Zucker, Vanillezucker, Tonkabohne und Wasser zum Kochen bringen, die Mandeln zugeben und unter ständigem Rühren weiterkochen bis der Zucker trocken wird. Weiterrühren bis der Zucker wieder leicht zu schmelzen beginnt und die ganzen Mandeln glänzen. Ein Backblech mit Butter einfetten. Die Mandeln auf das Blech schütten, zerteilen und abkühlen lassen.

Schokolierte Amarenakirschen

- 130 g abgegossene und abgetropfte Amarenakirschen
- 250 g Kakaopulver
- 200 g Zartbitterkuvertüre
- 2 Prisen gemahlener Zimt

Amarenakirschen mit warmem Wasser abwaschen und anschließend von außen komplett trocknen lassen. Den Kakao sieben und in einen flachen Behälter geben.

Die Kuvertüre hacken und im Wasserbad temperieren (s. Tipp S. 38). Mit Zimt abschmecken. Die Kirschen einzeln in die Kuvertüre geben, mit der Pralinengabel herausnehmen und auf Backpapier legen. Die noch nicht ganz trockenen schokolierten Amarenakirschen in die Kakaobox geben und hin und her wälzen, bis sie komplett mit Kakao bestäubt sind. Die Kirschen im Kakao komplett abkühlen lassen, dann herausnehmen.

Tipp: Mit Zimt immer sparsam sein, denn zu viel des Guten kann bitter schmecken.

Eiskonfekt
„Mini-Gugel" mit Minze

Gugelhupf-Pralinenform (z. B. von Birkmann)

- 50 g Zartbitterkuvertüre
- 50 g Kokosfett
- 50 g Puderzucker
- 1 TL Kakaopulver
- natürliches Minzöl

Die Kuvertüre in kleine Stücke hacken und mit dem Kokosfett im Wasserbad temperieren (s. Tipp rechts). Puderzucker und Kakao sieben und zur Kuvertüre geben. Gut vermengen und mit Minzöl abschmecken. Weiterrühren, bis die Masse glatt und cremig ist. In die Silikonformen füllen und 1 Tag im Kühlschrank fest werden lassen.

Tipp: Beim Temperieren wird die Kuvertüre zunächst geschmolzen und auf 45 °C erwärmt. Dann auf 26 °C abkühlen lassen und schließlich wieder auf die optimale Verarbeitungstemperatur erwärmen. Bei Zartbitterkuvertüre liegt diese bei 32 °C, bei Vollmilchkuvertüre bei 31 °C und bei weißer Kuvertüre bei 29–30 °C.

Coffee Flower

Silikon-Blütenform (z. B. von Birkmann, alternativ Mini-Gugelformen oder Mini-Muffinformen)

- 140 g Weizenmehl (Type 550)
- ½ TL Backpulver
- 60 g Öl
- 100 g Zucker
- 1 TL Vanillezucker (Rezept S. 106)
- 1 Prise Salz
- 1 Ei (Größe M)
- 100 g Milch
- 25 g sehr starker Espresso
- 50 g Schokostreusel
- 300 g Zartbitterkuvertüre

Den Backofen auf 190 °C Ober-/Unterhitze vorheizen. Das Mehl mit dem Backpulver in eine Schüssel sieben. In einer zweiten Schüssel Öl, Zucker, Vanillezucker und Salz glatt rühren. Das Ei dazugeben und gut verrühren. Einige Esslöffel Mehl-Backpulver-Mischung unterrühren. Einen Schuss Milch dazugeben und wieder glatt rühren. Erneut etwas Mehl-Backpulver-Mischung unterrühren. Den Espresso hineinrühren. Mit der restlichen Mehl-Backpulver-Mischung und der Milch nach und nach ebenso verfahren. Die Schokostreusel kurz unterheben und die Masse in Silikonformen füllen.

Im Ofen 7–9 Minuten backen. Aus dem Ofen nehmen, auskühlen lassen und aus der Form lösen. Je nach Größe der Formen ggf. mehrere Runden backen.

Die Silikonformen gut waschen. Die Kuvertüre im Wasserbad temperieren (s. Tipp S. 38) und die Silikonformen zu einem Drittel damit füllen. Die ausgekühlten Blumen wieder in die Form geben und leicht andrücken, sodass sie mit Kuvertüre umschlossen sind. In den Kühlschrank geben und in 30 Minuten fest werden lassen. Anschließend aus der Form lösen und hübsch verpacken.

· 41 ·

Schoko-Cookies mit flüssigem Kern

- 200 g Weizenmehl (Type 405)
- 1 TL Backpulver
- 60 g Kakaopulver
- 125 g weiche gesalzene Butter
- 160 g brauner Zucker
- 2 Eier (Größe M)
- 1 Prise grobes Meersalz
- 1 Packung Rolo (Toffee-Pralinen)
- 40 g Puderzucker
- 1 TL Rote-Bete-Pulver

Mehl mit Backpulver und Kakaopulver sieben. Die weiche Butter mit dem Zucker zu einer luftigen Masse rühren. Nach und nach die Eier unterrühren. Salz mit der Mehlmischung vermengen, zur Eiermasse geben und zu einem glatten Teig verarbeiten. Den Teig für 20 Minuten kühl stellen.

Den Backofen auf 180 °C Ober-/Unterhitze vorheizen. Eine walnussgroße Portion Teig nehmen, um das Rolo legen und rundum gut verschließen. Zu Kugeln rollen, auf ein mit Backpapier ausgelegtes Backblech geben und leicht andrücken. Im Ofen je nach Cookiegröße 10–15 Minuten backen, die Backzeit richtet sich nach der Größe der Cookies, wenn ihr sie aus dem Ofen holt, dürfen sie noch ein bisschen weich sein. Cookies herausnehmen und komplett auskühlen lassen.

Den Puderzucker mit dem Rote-Bete-Pulver zu einem rosa Puderzucker vermengen und die Cookies leicht damit bestäuben.

glüc

Salt Toffee Cookies

- 350 g Weizenmehl (Type 405)
- 1 Pck. Natron
- 180 g Zartbitterkuvertüre
- 250 g weiche Butter
- 250 g brauner Zucker
- 1 TL Vanillezucker (Rezept S. 106)
- 2 Eier (Größe M)
- 120 g Toffee Chunk (Karamellstückchen, z. B. von Birkmann)
- 2–3 Prisen Fleur de Sel

Mehl und Natron in eine Schüssel sieben. Die Kuvertüre grob hacken. Die weiche Butter mit Zucker und Vanillezucker in einer zweiten Schüssel schaumig rühren. Die Eier nach und nach unter Rühren dazugeben. Die Mehlmischung dazugeben und einrühren, Kuvertürestückchen und die Toffee Chunks ebenfalls dazugeben und kurz einarbeiten.

Den Backofen auf 190 °C Ober-/Unterhitze vorheizen. Den Teig zu Kugeln formen und mit großem Abstand auf ein mit Backpapier ausgelegtes Backblech setzen und leicht andrücken. Mit Fleur de Sel bestreuen, noch einmal andrücken. Im Ofen 10–15 Minuten hellbraun backen, die Backzeit richtet sich nach der Größe der Cookies. Nicht zu dunkel werden lassen, sonst werden die Cookies trocken.

Klassische Cantuccini

- 260 g Weizenmehl (Type 550) zzgl. etwas zum Ausrollen
- 5 g Backpulver
- 200 g Marzipanrohmasse
- 100 g brauner Zucker
- 45 g weiche Butter
- Abrieb von 1 Bio-Zitrone
- 150 g Eigelb
- 150 g Mandeln mit Schale
- 1 Ei
- 1 EL Milch

Den Backofen auf 180 °C Ober-/Unterhitze vorheizen. Mehl und Backpulver in eine Schüssel sieben. Marzipan, Zucker, weiche Butter und Zitronenabrieb schaumig rühren. Nach und nach das Eigelb unter Rühren dazugeben. Die Mehlmischung unterheben und gut vermengen. Dann die ganzen Mandeln unterrühren.

Aus dem Teig eine dicke Rolle formen, ggf. etwas Mehl dazugeben, und auf ein mit Backpapier ausgelegtes Backblech geben. Das Ei mit der Milch verquirlen und den Teig damit bestreichen. Im Ofen 20–25 Minuten backen, die Backzeit richtet sich nach der Größe der Cantuccini. Aus dem Ofen nehmen und etwas auskühlen lassen. Leicht schräg in 1 cm dicke Scheiben schneiden und auf das Blech legen. Erneut im Ofen etwa 15 Minuten backen.

Für Pistazien-Cranberry-Cantuccini: Statt 150 g ganzer Mandeln 90 g ganze Pistazien und 60 g getrocknete Cranberrys unterrühren. Ansonsten genauso wie bei den Klassikern verfahren.

Chili-Rum-Trinkschokolade

5 Mini-Muffinförmchen, Mini-Crinkle-Cups (z.B. von Brinkmann) oder große, alte Suppenlöffel

Mini-Pipetten oder 5 kleine Flaschen (10 ml)

Zum Verschenken
- 100 g Vollmilchkuvertüre
- 5–10 cl Rum (nach Geschmack)
- Chiliflocken zum Bestreuen

Zuhause dazugeben
- 200 ml Milch pro Portion

Die Vollmilchkuvertüre im Wasserbad temperieren (s. Tipp S. 38). Pipetten oder kleine Flaschen mit dem Rum befüllen, die Flasche mit dem Deckel, die Pipette mit etwas Kuvertüre verschließen.

Tiefe Esslöffel zum Befüllen waagerecht auf Schüsseln legen und mit Kuvertüre füllen, die Pipette vorsichtig einlegen und mit Chiliflocken bestreuen. Erkalten lassen und in Zellophan eingeschlagen verschenken. Alternativ Mini-Muffinförmchen mit der Kuvertüre füllen und Pipetten und Chiliflocken einfüllen oder den Rum in kleinen Fläschchen dazuschenken.

Zuhause nur die Milch erhitzen und den Schokolöffel hineingeben. Die Schoko unter Rühren lösen, sobald sie warm wird, die Pipette entnehmen und die Trinkschokolade mit dem Rum pimpen.

Tipp: Wenn ihr keine alten Löffel habt, könnt ihr stattdessen auch Einweg-Bambuslöffel nehmen oder Mini-Muffinförmchen oder Mini-Crinkle-Cups (z.B. von Brinkmann), wie auf S. 111).

Ananas-Kokos-Pralinen

Spritzbeutel mit Lochtülle (Tülle sollte etwas kleiner als die Hohlkörperöffnung sein)

- 500 g weiße Kuvertüre
- 125 g Sahne
- 20 g Glukosesirup
- 75 g Ananasmark (z. B. von Boiron oder püriertes Ananasfruchtfleisch)
- 50 g Batida de Coco
- ca. 50 weiße Kuvertüre-Hohlkörper (z. B. von Bos Food)
- 3 EL Kokosraspel

Die weiße Kuvertüre klein hacken und 300 g in eine Schüssel geben. Sahne, Glukosesirup und Ananasmark erhitzen und über die Kuvertüre gießen. Kurz stehen lassen, sodass die Kuvertüre schmilzt, und alles zu einer glatten homogenen Masse verrühren. Mit dem Batida de Coco abschmecken. Die Masse auf 25 °C abkühlen lassen und in einen Spritzbeutel füllen. Die weißen Hohlkörper damit füllen.

Die restliche weiße Kuvertüre (200 g) im Wasserbad temperieren (s. Tipp S. 38), die Hohlkörper damit verschließen und den Verschlusspunkt etwas fest werden lassen. Die Pralinen zunächst in der restlichen geschmolzenen Kuvertüre und dann in den Kokosraspeln wälzen.

· 53 ·

Pistazien-Marzipan-Pralinen

Die einzelnen Pralinchen lassen sich in hübsche Pralinenkapseln bzw. -förmchen geben.
Die gibt es in allen möglichen Farben, mit Punkten und Herzchen, aus Aluminium oder Papier.
Danach in eine schöne Pappschachtel füllen und schon sind die Pralinen bereit zum Verschenken.

- 60 g Pistazienkerne
- 250 g Marzipanrohmasse
- 50 g Puderzucker
- 15 g Kirschwasser
- 2 EL feiner Zucker

Die Pistazien sehr fein hacken. Alle Zutaten miteinander vermengen, zu einem Strang mit ca. 2 cm Durchmesser ausrollen und 1 cm dicke Scheiben abschneiden. Diese zu Kugeln rollen und in Zucker wälzen.

Tipp: Beim Kauf darauf achten, dass die Pistazien eine sehr schöne dunkelgrüne Farbe haben. Wenn ihr die Pralinen richtig grün haben möchtet, könnt ihr Matchatee- oder Spinatpulver oder grüne Lebensmittelfarbe unter die Masse mischen.

Orangen-Marzipan-Pralinen

Diese süßen Pralinchen verpacke ich in hübsche Gläser. Schlichte Schraubgläser kann man einfach zu aufregenden Geschenken umgestalten: Eine kleine Plastik- oder Porzellanfigur mit Heiß- oder Sekundenkleber fest auf dem Deckel anbringen und anschließend Tier und Deckel stylish grau und knallig pink anmalen!

- 75 g halbkandierte Orangen (z. B. Boiron, Bos Food)
- 250 g Marzipanrohmasse
- 50 g Puderzucker
- 15 g Cointreau
- 1 EL feiner Zucker

Die halbkandierten Orangen fein hacken. Mit Marzipan, Puderzucker und Cointreau zu einer glatten Masse verarbeiten. Zu einem Strang von ca. 2 cm Durchmesser rollen, 1 cm dicke Scheiben abschneiden und diese zu Kugeln rollen und in Zucker wälzen.

· 57 ·

Glückskekse

- 100 g Weizenmehl (Type 405)
- 75 g gesalzene Butter
- 3 Eiweiß
- 100 g Puderzucker
- 1–2 Tropfen natürliches Ingweröl

Als erstes Spruchzettel ausschneiden und mit lieben Grüßen beschriften.

Das Mehl in eine Schüssel sieben. Die Butter zerlassen, aber nicht heiß werden lassen. Eiweiß mit Puderzucker in einer zweiten Schüssel steif schlagen. Das Mehl vorsichtig unterheben, die Butter unterziehen. Mit etwas Ingweröl abschmecken. Die Masse ca. 15 Minuten ruhen lassen.

Den Backofen auf 150 °C Ober-/Unterhitze vorheizen. Auf ein mit Backpapier ausgelegtes Blech kleine Kleckse geben und diese zu dünnen und glatten, etwa 9–10 cm großen Kreisen ausstreichen. Im Ofen 5–8 Minuten backen, die Backzeit richtet sich nach der Größe der Kekse. Aus dem Ofen nehmen, schnell einen Keks lösen, einen Zettel in die Mitte legen, zu Halbkreisen klappen und dann rund biegen. Zum Auskühlen in ein Schälchen legen, damit der Keks die Form behält. So mit allen Keksen verfahren.

Tipp: Die Kekse sind nur sehr kurze Zeit biegsam, daher am besten immer nur wenige Kekse auf einmal backen.

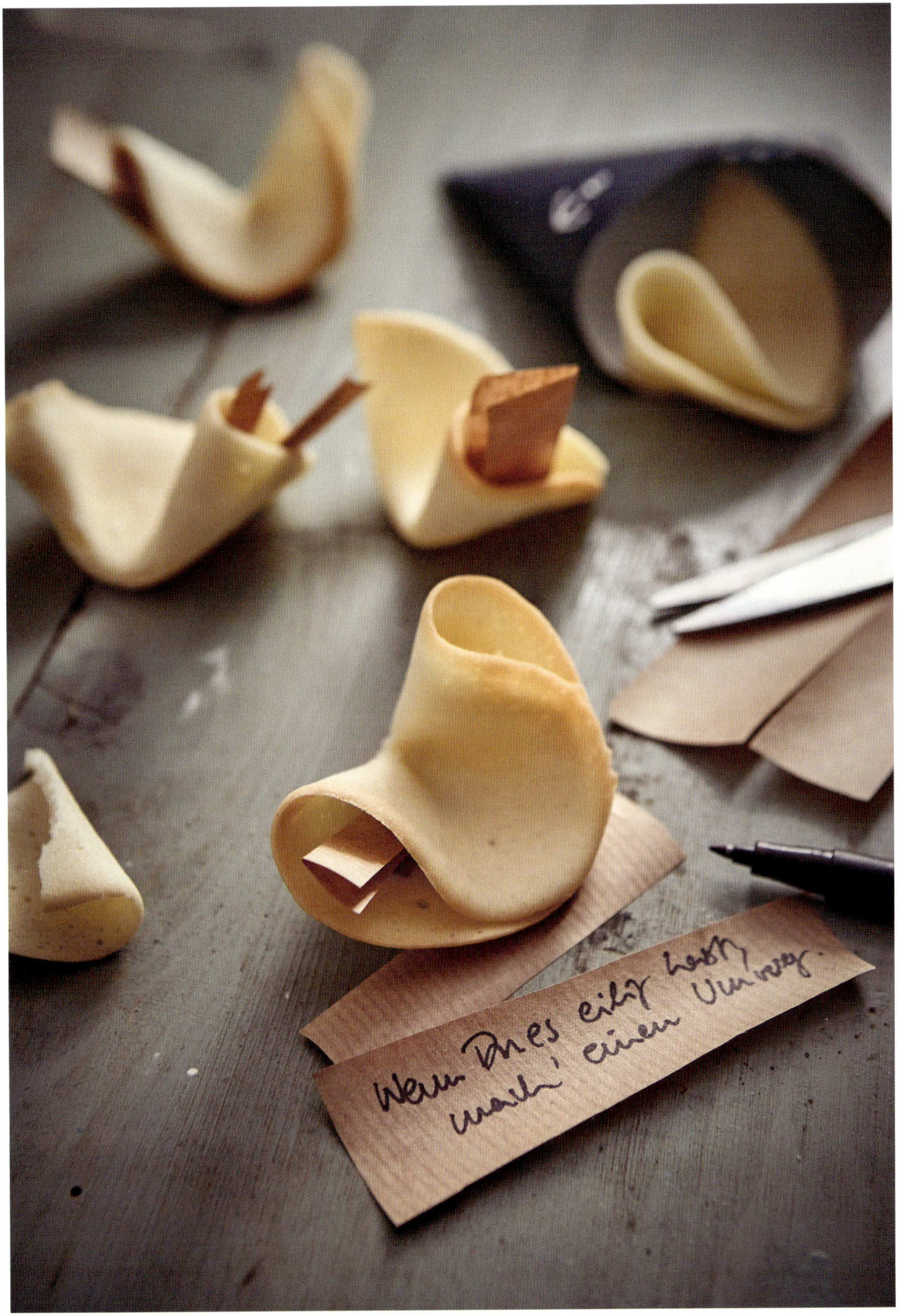
Wenn Du es eilig hast
mach' einen Umweg.

Maracuja-Curd-Kekse

Runde Aussstecher für die Kekse

Kleine Ausstecher, z. B. Sterne oder Blumen, für die Mitte

Curd
- 175 g Zucker
- 175 g Butter
- 200 g Maracujamark (z. B. Bos Food)
- 3 Eier (Größe M)

Teig
- 210 g Weizenmehl (Type 405) zzgl. etwas zum Ausrollen
- ½ TL Backpulver
- 70 g Puderzucker zzgl. etwas zum Bestäuben
- 1 Eigelb
- 140 g weiche Butter
- Abrieb von ½ Bio-Limette

Zucker und Butter im Wasserbad erhitzen, bis sich der Zucker gelöst hat. Vom Herd nehmen und das Maracujamark einrühren. Die Eier miteinander verquirlen und mit der Maracujamasse gut verrühren. Die Masse im Wasserbad bei 90 °C in 30–40 Minuten zu einer cremigen, dicken Konsistenz rühren. Es darf während des Vorgangs kein Wasser in das Curd gelangen und es darf nicht zu heiß werden, sonst gerinnen die Eier. Das fertige Curd durch ein Sieb passieren und auskühlen lassen.

Für die Kekse das Mehl mit dem Backpulver in eine Schüssel sieben und eine Mulde hineindrücken. Die restlichen Zutaten in die Mulde geben und alles rasch zu einem glatten Teig verkneten. Den Teig zu einem kompakten Rechteck formen und in Frischhaltefolie verpackt 30 Minuten im Kühlschrank ruhen lassen.

Den Backofen auf 190 °C Ober-/Unterhitze vorheizen. Teig aus dem Kühlschrank nehmen, 3 mm dünn ausrollen, Kreise ausstechen und auf ein mit Backpapier ausgelegtes Backblech geben. Bei der Hälfte der Kekse mittig einen Stern oder eine Blume ausstechen. Im Ofen 6–9 Minuten goldbraun backen, die Zeit richtet sich nach der Größe der Ausstecher. Aus dem Ofen nehmen und abkühlen lassen.

Nach Geschmack die gelochten Kekse mit Puderzucker bestreuen. Das Maracuja-Curd auf die Kekse ohne Loch streichen, die Kekse mit Loch aufsetzen und etwas andrücken.

Tipp: Das Curd ist im gekühlten Zustand 1 Monat haltbar.

Backmischungen für Florentiner

Einmachglas
(mind. 550 ml)

KLASSISCHE FLORENTINER

Für das Glas
- 100 g Zucker
- 120 g Mandelblättchen
- 35 g Zitronat
- 35 g Orangeat
- 35 g rote Belegkirschen

Zum Dazuschenken
- 60 g Zartbitterkuvertüre

Zuhause dazugeben
- 30 g Butter
- 80 g Sahne

ANANAS-MANGO-FLORENTINER

Für das Glas
- 100 g Zucker
- 120 g Mandelblättchen
- 35 g Zitronat
- 35 g Orangeat
- 20 g kandierte Ananas
- 20 g getrocknete Mango

Zum Dazuschenken
- 60 g weiße Schokolade

Zuhause dazugeben
- 30 g Butter
- 80 g Sahne

Anleitung für den Schenkenden

Sämtliche Gläser werden zunächst mit kochend heißem Wasser ausgespült und gut abgetrocknet. Trockenfrüchte, Orangeat und Zitronat grob oder etwas feiner hacken. Dann werden die trockenen Zutaten nach der Reihenfolge in der Zutatenliste in ein Glas (mind. 550 ml) gefüllt. Das Glas fest zuschrauben.

Die Schokolade könnt ihr direkt dazuschenken. Dafür das Stück Schoko z. B. in Pergament- oder Butterbrotpapier wickeln und mit einem hübschen Geschenkband am Glas befestigen. Zuhause muss der Beschenkte dann nur noch Butter und Sahne aus dem Kühlschrank holen.

Die Backanleitung für den Beschenkten

Du brauchst noch 30 g Butter und 80 g Sahne aus deinem Kühlschrank.

Heize den Backofen auf 180 °C Ober-/Unterhitze vor. Butter und Sahne zum Kochen bringen, den Glasinhalt hineingeben und gut vermengen. Bei geringer Hitzezufuhr die Masse unter Rühren etwas reduzieren, bis sie schön gebunden ist. Rühre dabei vorsichtig, damit die Mandelblättchen nicht brechen. Mit einem Löffel kleine Kleckse der Masse auf ein mit Backpapier ausgelegtes Backblech geben und 12–15 Minuten im Ofen backen, die Backzeit richtet sich nach der Größe der Kekse. Herausnehmen, auskühlen lassen und währenddessen die Schokolade im Wasserbad schmelzen. In ein kleines Tütchen füllen, eine Ecke abschneiden und die Florentiner verzieren.

Orangen-Madeleines

Madeleines-Backform
(8er- oder 12er-Form)

Spritzbeutel mit Lochtülle
(Tülle sollte etwas kleiner
als die Form sein)

- 100 g Weizenmehl (Type 405)
- 1 TL Backpulver
- 125 g Butter zzgl. etwas zum Einfetten
- 130 g Zucker
- 3 Eier (Größe M)
- 1 EL Orangenhonig
- Abrieb von ½ Bio-Orange
- 50 g geschälte gemahlene Mandeln
- 2 EL Orangensaft
- 1 EL Kakaopulver

Mehl und Backpulver in eine Schüssel sieben. Die Butter zerlassen. Zucker, Eier, Honig und Orangenabrieb in einer zweiten Schüssel gut vermengen. Die Mehlmischung, Mandeln, Butter und Orangensaft dazugeben und unterrühren. Den Teig 10 Minuten quellen lassen. Ein Drittel Teig entnehmen und mit dem Kakaopulver mischen.

Den Backofen auf 200 °C Unter-/Oberhitze vorheizen. Die Form mit etwas Butter fetten.

Zunächst den Teig ohne Kakao in einen Spritzbeutel füllen und in die Formen füllen. Dann den Kakaoteig in die Formen füllen und leicht marmorieren. Im Ofen 8–15 Minuten goldbraun backen, die Backzeit richtet sich nach Größe und auch Tiefe der Mulden. Aus dem Ofen nehmen, aus der Form stürzen und, falls noch Teig übrig ist, eine zweite Runde backen.

Toffee Cashew Blondies

quadratische Springform (24 x 24 cm)

Blondies
- 200 g Weizenmehl (Type 405)
- 2 TL Backpulver
- 1 Prise Salz
- 60 g Toffee Chunks (Karamellstückchen, z. B. von Birkmann)
- 50 g gesalzene Cashewkerne
- 100 g weiße Kuvertüre (Kakaoanteil 33 %, z. B. von Valrhona)
- 180 g Butter zzgl. etwas zum Einfetten
- 75 g Zucker
- 4 TL Vanillezucker (Rezept S. 106)
- Abrieb von ½ Bio-Orange
- 2 Eier (Größe M)

Topping
- 50 g weiße Kuvertüre (Kakaoanteil 33 %, z. B. von Valrhona)
- 2–3 EL Toffee Chunks (Karamellstückchen, z. B. von Birkmann)
- 2–3 EL Cashewkerne

Den Backofen auf 180 °C Ober-/Unterhitze vorheizen. Mehl und Backpulver in eine Schüssel sieben, Salz unterrühren. Toffee Chunks und Cashews mischen, 2 EL der Mehlmischung dazugeben, verrühren.

Die weiße Kuvertüre mit der Butter in einem Wasserbad schmelzen, nicht heiß werden lassen. Zucker, Vanillezucker, Orangenabrieb und Eier schaumig rühren, bis der Zucker sich komplett aufgelöst hat. Die Kuvertüremasse dazugeben und gut vermengen. Die Mehlmischung hineingeben und zu einem Teig verrühren. Zum Schluss die Toffee-Cashew-Mischung unterrühren. Teig in die gefettete Form füllen und im Ofen 10–15 Minuten backen.

Die Blondies nach dem Backen gut auskühlen lassen. Die Kuvertüre im Wasserbad temperieren (s. Tipp S. 38), gitterförmig über den Blondies verteilen und Toffees und Cashews darauf verteilen.

Himbeer-Macarons

Pistazien-Macarons

digitales Küchenthermometer

Spritzbeutel mit Lochtülle (8–10 mm)

Macarons (Menge für eine Sorte)
- 200 g Mandelmehl
- 200 g Puderzucker
- 150 g Eiweiß
- 200 g feiner Zucker
- 50 ml Wasser
- rosa bzw. grüne Lebensmittelfarbe

HIMBEER-MACARONS
- 500 g frische Himbeeren
- Mark von ½ Vanilleschote
- 250 g Gelierzucker 2:1

PISTAZIEN-MACARONS
- 60 g Pistazienkerne
- 150 g Marzipanrohmasse
- Kirschwasser
- grüne Lebensmittelfarbe

Die Macarons zubereiten. Dafür das Mandelmehl mit dem Puderzucker sieben und mit 75 g Eiweiß zu einer Masse verarbeiten. Das Wasser mit dem feinen Zucker in einen Topf geben, verrühren und auf 116 °C erhitzen, dann vom Herd nehmen. Der so entstandene Zucker nennt sich Flugzucker.

Das restliche Eiweiß leicht aufschlagen, den Flugzucker im dünnen Strahl zugeben und das Eiweiß steif schlagen. Für die Himbeer-Macarons nun die rosa Farbe, für die Pistazien-Macarons die grüne Farbe zugeben und vorsichtig unterrühren. Die Eiweißmischung zur Mandelmasse geben und vorsichtig unterheben. Die Masse in einen Spritzbeutel mit Lochtülle füllen und gleichmäßige Tupfen (Durchmesser ca. 2 cm) auf die Silikonmatte dressieren. Die Macarons ca. 25 Minuten abtrocknen lassen.

Den Backofen auf 160 °C Ober-/Unterhitze vorheizen und die Macarons darin ca. 10 Minuten backen. Aus dem Ofen nehmen und auskühlen lassen.

Für die Himbeer-Macarons die Himbeeren fein pürieren, mit dem Vanillemark vermengen, aufkochen, den Gelierzucker zugeben und unter ständigem Rühren 4 Minuten sprudelnd kochen. Die Fruchtmasse in eine saubere Schüssel geben und auskühlen lassen. Anschließend glatt rühren und beiseitestellen.

Für die Pistazien-Macarons die Pistazien im Blitzhacker fein mahlen. Die Marzipanrohmasse in kleinen Portionen hinzufügen und gut vermengen. Nach und nach etwas Kirschwasser unterrühren, bis eine spritzfähige Masse entsteht. Wer mag, kann auch die Füllung mit grüner Lebensmittelfarbe einfärben.

Die Hälfte der Macarons mit der Himbeerkonfitüre bzw. der Pistazienmasse füllen, die restlichen Macarons als Deckel auflegen und leicht andrücken.

Tipp: Es muss Mandelmehl sein, kein Mandelgrieß oder gemahlene Mandeln, diese sind zu grob in der Struktur

Aronia-Mini-Gugelhupf

Mini-Gugelhupfform (24er-Form)

- 60 g getrocknete Aroniabeeren
- 6 EL Holunderblütensirup (mit wenig Zucker)
- 100 g Weizenmehl (Type 405)
- 25 g Speisestärke
- 1 ½ TL Backpulver
- 75 g weiche Butter zzgl. etwas zum Einfetten
- 75 g Zucker
- 1 Prise Salz
- 2 TL Vanillezucker (Rezept S. 106)
- 1 Ei
- 100 g Schmand
- 130 g weiße Cake Melts (Schokodrops, z. B. von Birkmann)

Die Aroniabeeren über Nacht in 2 EL Holunderblütensirup quellen lassen.

Mehl, Stärke und Backpulver in eine Schüssel sieben. Butter, Zucker, Salz und Vanillezucker in einer zweiten Schüssel schaumig rühren, das Ei dazugeben und gut unterrühren. Den Schmand ebenfalls dazugeben und vermengen. Die Mehlmischung dazugeben und zu einem Teig verrühren. Die Aroniabeeren kurz unterheben.

Den Backofen auf 180 °C Ober-/Unterhitze vorheizen. Die Gugelform fetten und die Masse einfüllen. Im Ofen 15–25 Minuten backen, die Backzeit richtet sich nach der Größe der Form. Nach dem Backen die noch warmen Gugel mit dem restlichen Holunderblütensirup tränken.

Wenn der Gugel ausgekühlt ist, die Schokodrops schmelzen und über die Gugel gießen.

Tipp: Es gibt sehr viele Hersteller, die Mini-Gugelformen anbieten, diese unterscheiden sich in Größe, Form und Menge, daher bitte immer sehr aufmerksam den Zustand im Backofen im Auge behalten, Backzeiten können nur Näherungswerte sein.

Fruchtgelees

Silikon-Kastenform (30 cm)

digitales Küchenthermometer

- 260 g Fruchtmark (z. B. Marillen, Waldbeeren oder nach Geschmack, von Boiron)
- 60 g Apfelsaft
- 30 g Puderzucker
- 6 g Pektin
- 260 g Zucker zzgl. etwas zum Wälzen
- 60 g Glukosesirup
- 6 g Zitronensäure

Das Fruchtmark mit dem Apfelsaft vermischen und aufkochen. Puderzucker mit dem Pektin sieben und zur Flüssigkeit geben. Unter ständigem Rühren den Zucker einrieseln lassen. Glukosesirup und Zitronensäure dazugeben, das Gelee auf 106 °C erhitzen und bei dieser Temperatur unter Rühren einige Minuten kochen.

Die Masse in die Silikonform füllen und komplett auskühlen lassen. Ein Backblech mit Zucker bestreuen, das Gelee aus der Form in den Zucker stürzen, in gleichmäßige Stücke schneiden und diese im Zucker wälzen.

Tipp: Das Fruchtmark kann man auch leicht selber herstellen. Früchte waschen, putzen, ggf. entsteinen, fein mixen und durch ein feines Sieb passieren.

Optimal ist es, wenn das Thermometer, an den Topf geklippt werden kann, damit ihr die ganze Zeit die Temperatur im Auge behalten könnt.

· 73 ·

Zaub

erhaft

Unicorn Cookies

Unicorn-Ausstecher

Spritzbeutel mit feiner Lochtülle

Teig
- 210 g Weizenmehl (Type 405) zzgl. etwas zum Ausrollen
- ½ TL Backpulver
- 70 g Puderzucker
- 1 Eigelb
- 140 g Butter
- Abrieb von ½ Bio-Zitrone

Glasur
- Haribo Miami
- 250 g Puderzucker
- 1 Eiweiß
- etwas frischer Zitronensaft
- gelbe Lebensmittelfarbe
- Lebensmittelfilzstift

Mehl und Backpulver in eine Schüssel sieben und eine Mulde hineindrücken. Alle Zutaten für den Teig in die Mulde geben und alles rasch zu einem glatten Teig kneten. Teig zu einem kompakten Rechteck formen, in Frischhaltefolie packen und 30 Minuten im Kühlschrank ruhen lassen.

Den Backofen auf 190 °C Ober-/Unterhitze vorheizen. Den Teig 5 mm dünn ausrollen, Unicorns ausstechen und auf ein mit Backpapier ausgelegtes Backblech geben. Im Ofen 8–10 Minuten goldbraun backen, die Backzeit richtet sich nach der Größe der Form, bitte zwischendurch immer kontrollieren.

Cookies aus dem Ofen nehmen und komplett auskühlen lassen. Aus den Haribos Schwanz und Mähne ausstechen. Puderzucker sieben und mit dem Eiweiß aufschlagen. Nach Bedarf Zitronensaft zugeben, bis die gewünschte Konsistenz erreicht ist. Eiweißglasur in den Spritzbeutel mit Tülle füllen und das Unicorn bis auf Horn und Hufe einmal umranden, dann mit der Glasur gleichmäßig ausfüllen. An schmalen, engen Stellen mit dem Zahnstocher nachhelfen. Mähne und Schwanz befestigen. Für Huf und Horn etwas Eiweißglasur mit gelber Lebensmittelfarbe färben, in den Spritzbeutel mit Tülle füllen und Horn und Huf damit füllen. Wenn der Cookie getrocknet ist, kann man mit einem Lebensmittelfilzstift ein Auge aufmalen.

Unicorn Poo

- 480 g Weizenmehl (Type 405) zzgl. etwas zum Ausrollen
- 1 Ei (Größe M)
- 195 g weiche Butter
- 2 TL Vanillezucker (Rezept S. 106)
- Abrieb von ½ Bio-Zitrone
- 150 g Zucker
- 100 g Frischkäse
- 1 Prise Salz
- gelbe, orange, rote, blaue, grüne, lila Lebensmittelfarbe

Mehl sieben und eine Mulde hineindrücken. Die restlichen Zutaten (außer der Farbe) in die Mulde geben und alles rasch zu einem glatten Teig verkneten. Den Teig zu einem kompakten Rechteck formen und in Frischhaltefolie verpackt 30 Minuten im Kühlschrank ruhen lassen.

Den Backofen auf 180 °C Ober-/Unterhitze vorheizen. Den Teig aus dem Kühlschrank nehmen, in sechs Teile teilen und jeden mit einer anderen Farbe einfärben. Jedes Teigstück zu einem Strang rollen, alle sollen die gleiche Länge haben. Die Stränge aneinander legen und zu einem Strang rollen, sodass man die einzelnen Farben noch erkennt. 10 cm lange Stücke abschneiden und zu kleinen Häufchen legen. Teigenden spitz formen und auf ein mit Backpapier ausgelegtes Backblech legen. Im Ofen ca. 15 Minuten backen, die Backzeit richtet sich nach der Dicke der Würstchen. Kekse nicht zu braun backen, damit die Farben noch schön leuchten.

Mango-Macarons

digitales Küchenthermometer

Spritzbeutel mit Lochtülle (8–10 mm)

Füllung
- 2 Mangos
- 100 ml Prosecco
- 250 g Gelierzucker 2:1

Macarons
- 200 g Mandelmehl
- 150 g Eiweiß
- 200 g Puderzucker
- 200 g feiner Zucker
- 50 ml Wasser
- gelbe Lebensmittelfarbe

Für die Füllung die Mangos schälen, den Stein entfernen und das Fruchtfleisch pürieren. 400 g abwiegen und mit Prosecco mischen. Die Fruchtmischung aufkochen, den Gelierzucker zugeben und unter ständigem Rühren 4 Minuten sprudelnd kochen. Die Fruchtmasse in eine saubere Schüssel geben und auskühlen lassen. Anschließend glatt rühren und beiseitestellen.

Das Mandelmehl mit dem Puderzucker sieben und mit 75 g Eiweiß zu einer Masse verarbeiten. Das Wasser mit dem feinen Zucker in einen Topf geben, verrühren und auf 116 °C erhitzen, dann vom Herd nehmen. Der so entstandene Zucker nennt sich Flugzucker.

Das restliche Eiweiß leicht aufschlagen, den Flugzucker im dünnen Strahl zugeben und das Eiweiß steif schlagen. Nun die Farbe zugeben und vorsichtig unterrühren. Die Eiweißmischung zur Mandelmasse geben und vorsichtig unterheben. Die Masse in einen Spritzbeutel mit Lochtülle füllen und gleichmäßige Tupfen (ca. 2 cm) auf die Silikonmatte dressieren. Die Macarons ca. 25 Minuten abtrocknen lassen.

Den Backofen auf 160 °C Ober-/Unterhitze vorheizen und die Macarons darin ca. 10 Minuten backen. Aus dem Ofen nehmen und auskühlen lassen. Die Hälfte der Macarons mit der Mangokonfitüre füllen, die restlichen Macarons als Deckel auflegen und leicht andrücken.

Tipp: Es muss Mandelmehl sein, kein Mandelgrieß oder gemahlene Mandeln, diese sind zu grob in der Struktur.

Optimal ist es, wenn das Thermometer an den Topf geklippt werden kann, damit ihr die ganze Zeit die Temperatur im Auge behalten könnt.

Rosen-Chia-Madeleines

Madeleines-Backform
(8er- oder 12er-Form)

Spritzbeutel mit Lochtülle
(Tülle sollte etwas kleiner
als die Form sein)

- 100 g Weizenmehl (Type 405)
- 1 TL Backpulver
- 125 g Butter zzgl. etwas zum Einfetten
- 130 g Zucker
- 3 Eier (Größe M)
- 1 EL Orangenhonig
- 50 g abgezogene gemahlene Mandeln
- 1 TL Chia-Samen
- 2 EL natürliches Rosenwasser

Mehl und Backpulver in eine Schüssel sieben. Die Butter zerlassen. Zucker, Eier und Honig in einer zweiten Schüssel gut vermengen. Die Mehlmischung, Mandeln, Chia-Samen, Butter und Rosenwasser dazugeben und unterrühren. Den Teig 10 Minuten quellen lassen. Den Backofen auf 180 °C Ober-/Unterhitze vorheizen. Die Form mit etwas Butter fetten. Den Teig in einen Spritzbeutel füllen und in die Formen füllen. Im Ofen 8–15 Minuten goldbraun backen, die Backzeit richtet sich nach Größe und auch Tiefe der Mulden. Aus dem Ofen nehmen, aus der Form stürzen und, falls noch Teig übrig ist, eine zweite Runde backen.

Himbeer-Fudge

Die Fudges lassen sich einzeln sehr süß verpacken. Dafür in mundgerechte Stücke schneiden und in kleine Boxen oder Geschenktütchen geben. Oder einzeln wie Bonbons einwickeln.

Quadratische Backform (24 x 24 cm)

- 350 g weiße Kuvertüre
- 1 Dose süße Kondensmilch (400 g)
- 45 g weiche Butter
- 25 g gefriergetrocknete Himbeeren

Die Form mit Backpapier auslegen, sodass dieses etwas über den Rand hinaussteht. Die Schokolade klein hacken, mit Kondensmilch und Butter mischen. Im Wasserbad erwärmen und die Kuvertüre unter Rühren schmelzen. Die Masse sollte eine dickliche Konsistenz haben. Die Hälfte der Himbeeren unterrühren.

Die Schokomasse in die vorbereitete Form geben und glatt streichen. Mit den restlichen Himbeeren bestreuen, mit Frischhaltefolie abdecken und mind. 3 Stunden im Kühlschrank fest werden lassen.

Fudge aus der Form lösen und in beliebig große Würfel schneiden.

Tipp: Für diesen Fudge eignen sich alle gefriergetrockneten Früchte. Zum Aufbewahren in luftdicht verschließbare Gläser oder Dosen geben und im Kühlschrank lagern.

Schwarze-Kirsche-Fruchtgelees

Silikon-Kastenform (30 cm)

digitales Küchenthermometer

- 260 g Schwarze-Kirsche-Fruchtmark (z. B. von Boiron)
- 60 g Apfelsaft
- 30 g Puderzucker
- 6 g Pektin
- 260 g Zucker zzgl. etwas zum Wälzen
- 60 g Glukosesirup
- 6 g Zitronensäure

Das Fruchtmark mit dem Apfelsaft vermischen und aufkochen. Puderzucker mit dem Pektin sieben und zur Flüssigkeit geben. Unter ständigem Rühren den Zucker einrieseln lassen. Glukosesirup und Zitronensäure dazugeben, das Gelee auf 106 °C erhitzen und bei dieser Temperatur unter Rühren einige Minuten kochen.

Die Masse in die Silikonform füllen und komplett auskühlen lassen. Ein Backblech mit Zucker bestreuen, das Gelee aus der Form in den Zucker stürzen, in gleichmäßige Stücke schneiden und diese im Zucker wälzen.

Tipp: Das Fruchtmark kann man auch leicht selber herstellen. Früchte waschen, putzen, ggf. entsteinen, fein mixen und durch ein feines Sieb passieren.

Optimal ist es, wenn das Thermometer an den Topf geklippt werden kann, damit ihr die ganze Zeit die Temperatur im Auge behalten könnt.

Himbeer-Marshmallows

Quadratische Form (24 x 24 cm)

Marshmallows
- 18 g gemahlene Gelatine
- 180 ml kaltes Wasser
- 300 g Puderzucker
- 2–3 Tropfen natürliches Himbeeraroma (z. B. von Sosa)
- Rote-Bete-Pulver

außerdem
- 1 EL Öl
- 60 g Speisestärke
- 30 g Puderzucker

Die Gelatine mit dem kalten Wasser verrühren und 4 Minuten quellen lassen. Anschließend sorgfältig rühren, bis sich die Gelatine komplett aufgelöst hat. Den Puderzucker in eine Schüssel sieben. Puderzucker und Gelatine-Flüssigkeit 5 Minuten aufschlagen, bis eine luftige Masse entsteht. Die Masse mit dem Himbeeraroma abschmecken. Etwas Rote-Bete-Pulver unterrühren, bis die Masse den gewünschten Farbton hat.

Die Form ganz dünn mit Öl einfetten. Speisestärke mit Puderzucker mischen und sieben. Die Form mit etwas Speisestärke-Puderzucker-Mischung ausstäuben, dazu die Mischung noch einmal durch ein Sieb direkt in die Form stäuben. Die restliche Mischung beseitestellen.

Die Masse in die Form füllen, glatt streichen, mit Frischhaltefolie abdecken und fest werden lassen, bis die Masse schnittfest ist (das dauert ca. 4 Stunden). Die Frischhaltefolie entfernen, mit etwas der Speisestärke-Puderzucker-Mischung bestäuben und die Marshmallowmasse mit einem Messer vom Rand der Form lösen. Marshmallows aus der Form stürzen und in Stücke schneiden. Die einzelnen Stücke in der restlichen Speisestärke-Puderzucker-Mischung wälzen oder rundum damit bestäuben.

Regenbogen-Schoki

Die warmen Schoki-Platten mit einigen essbaren Blüten garnieren und die ohnehin auffällige Schokolade wird ein echter Hingucker!

digitales Küchenthermometer

- 300 g weiße Kuvertüre
- gelbe, rote, grüne und blaue fettlösliche Lebensmittelfarbe (Pulver, für Schokolade)

Zunächst die Kuvertüre für die Verarbeitung temperieren. Dafür die Kuvertüre fein hacken. 200 g Kuvertüre im Wasserbad schmelzen und auf 45 °C erwärmen. Aus dem Wasserbad nehmen, die restliche Kuvertüre zugeben und die Masse auf 26 °C abkühlen. Dann durchrühren, aber keine Blasen einrühren! Die Kuvertüre nun im Wasserbad auf eine Verarbeitungstemperatur von 29-30 °C erwärmen.

Jeweils 25 g Kuvertüre mit je einer Farbe leicht einfärben. Die restliche Kuvertüre auf eine Silikonmatte gießen und glatt streichen.

Sofort die gefärbte Masse daraufgießen und mit einem Löffelstiel marmorieren. Dann die Schokolade fest werden lassen

Tipp: Zartbitter- und Vollmilchkuvertüre werden genauso temperiert, aber die ideale Verarbeitungstemperatur liegt bei 31–32 °C.

Optimal ist es, wenn das Thermometer an den Topf geklippt werden kann, damit ihr die ganze Zeit die Temperatur im Auge behalten könnt.

Kokos-Berberitzen-Eiskonfekt

Zum Verpacken eignen sich Mini-Eierkartons, die es wunderbar bunt zu kaufen gibt. Im Internet bekommt ihr sie z. B. bei Blueboxtree oder Casa di Falcone.

- 20 g getrocknete Berberitzen
- 100 g Kokosmus
- 50 g Kokosöl
- 50 g Kokosblütenzucker
- 100 g gehackte Kürbiskerne

Die Berberitzen klein schneiden. Kokosmus, Kokosöl, Kokosblütenzucker und Berberitzen zu einer glatten Masse kneten. Falls diese sehr weich ist, kurz in den Kühlschrank stellen.

Aus der Masse gleichmäßige Kugeln formen und in den Kürbiskernen wälzen. Noch einmal im Kühlschrank komplett durchkühlen lassen und dann hübsch verpacken. Kühl lagern.

· 93 ·

Cassis-Trüffel-Pralinen

Spritzbeutel mit Lochtülle (sollte etwas kleiner als die Hohlkörperöffnung sein)

Küchenthermometer

- 475 g weiße Kuvertüre
- 125 g Sahne
- 20 g Glukosesirup
- 80 g Cassismark (z. B. bei Bos Food)
- 25 g Cassislikör
- 50 weiße Kuvertüre-Hohlkörper (z. B. von Bos Food)
- 2–4 EL Fruchtpulver Kirsche (z. B. Bos Food)

Die weiße Kuvertüre klein hacken, 275 g in eine Schüssel geben. Sahne, Glukosesirup und das Fruchtmark erhitzen und über die Kuvertüre gießen. Kurz ruhen lassen, bis die Kuvertüre zu schmelzen beginnt, und zu einer glatten homogenen Masse verrühren. Mit dem Cassislikör abschmecken.

Die Trüffelmasse auf 25 °C abkühlen, in einen Spritzbeutel füllen und die Masse in weiße Hohlkugeln einfüllen.

Die restliche weiße Kuvertüre (200 g) im Wasserbad temperieren (s. Tipp S. 38), etwas in ein Tütchen füllen und die Hohlkörper damit verschließen. Komplett fest werden lassen.

Die Trüffelkugeln zunächst in der restlichen geschmolzenen Kuvertüre und dann im Fruchtpulver wälzen.

Aprikosen-Kürbis-Turron

Das Turron lässt sich im Ganzen oder auch in Scheiben geschnitten hübsch verpacken und verschenken.

---

quadratische Backform
(24 x 24 cm)

digitales
Küchenthermometer

- 1 Packung eckige Oblaten
- 150 g Mandeln mit Schale
- 100 g getrocknete Aprikosen
- 50 g Kürbiskerne
- 100 g Honig
- 70 g Glukosesirup
- 245 g Zucker
- 95 ml Wasser
- 2 Eiweiß (Größe M)

Die Backform mit den Oblaten auslegen. Den Backofen auf 180 °C Ober-/Unterhitze vorheizen, die Mandeln auf ein Backblech geben und 5 Minuten im Ofen leicht rösten, herausnehmen und abkühlen lassen.

Die Aprikosen in Stücke schneiden und mit den Mandeln und den Kürbiskernen mischen.

Honig, Glukosesirup, Zucker und Wasser verrühren und auf 125 °C erhitzen.

Eiweiß sehr steif schlagen und den heißen Zuckersud in einem dünnen Strahl unter ständigem Rühren in das Eiweiß laufen lassen. 20 Minuten weiterschlagen und dabei abkühlen lassen.

Nun muss es zügig gehen: Den Mandelmix unterheben und die Masse auf den Oblaten verteilen. Eine weitere Schicht Oblaten daraufgeben, etwas andrücken und die Masse 24 Stunden fest werden lassen.

Für ein Beeren-Turron: Mandeln, Aprikosen und Kürbiskerne durch 300 g getrocknete Beeren ersetzen. Das restliche Vorgehen bleibt gleich.

Tipp: Optimal ist es, wenn das Thermometer an den Topf geklippt werden kann, damit ihr die ganze Zeit die Temperatur im Auge behalten könnt.

Geflügelte Tassenkekse

Flügel-Ausstecher (z. B. von Birkmann)

Spritzbeutel mit feiner Lochtülle

Teig
- 210 g Weizenmehl (Type 405) zzgl. etwas zum Ausrollen
- ½ TL Backpulver
- 70 g Puderzucker
- 1 Eigelb
- 140 g weiche Butter
- Abrieb von ½ Bio-Limette

Glasur
- 250 g Puderzucker
- 1 Eiweiß
- etwas Limettensaft oder Wasser

Mehl und Backpulver in eine Schüssel sieben und eine Mulde hineindrücken. Die restlichen Zutaten in die Mulde geben und alles rasch zu einem glatten Teig verkneten. Den Teig zu einem kompakten Rechteck formen und in Frischhaltefolie verpackt 30 Minuten im Kühlschrank ruhen lassen.

Den Backofen auf 190 °C Ober-/Unterhitze vorheizen. Den Teig aus dem Kühlschrank nehmen und 3 mm dünn ausrollen. Hübsche Flügel ausstechen und auf ein mit Backpapier ausgelegtes Blech legen. Im Ofen 7–10 Minuten backen, die Backzeit richtet sich nach der Größe der Kekse. Aus dem Ofen herausnehmen und auskühlen lassen.

Den Puderzucker sieben und mit dem Eiweiß aufschlagen. Nach Bedarf tropfenweise Limettensaft oder Wasser zugeben, bis die gewünschte Konsistenz der Glasur erreicht ist. Die Masse in einen Spritzbeutel mit Tülle füllen. Zunächst die Flügel mit der Glasur umranden, dann ganz ausfüllen.

Tipp: Wenn die Kekse getrocknet sind, kann man die Enden mit Lebensmittel-Perlmutt-Pulver anpinseln, um dem Flügel Glanz zu verleihen.

Green-World-Kekse

Dieses Rezept erinnert geschmacklich an Shortbread.
Aus Geschenk- oder Packpapier lassen sich kleine Tüten für die Kekse nähen.

- 50 g Mandeln ohne Schale
- 400 g Weizenmehl (Type 550)
- 1 TL Backpulver
- 100 g Rohrzucker
- 1 Prise Salz
- Abrieb von ½ Bio-Limette
- 50 g Mandelmilch
- 200 g Butter
- 2 TL Matchatee-Pulver

Mandeln mahlen. Mehl und Backpulver in eine Schüssel sieben und eine Mulde hineindrücken. Die restlichen Zutaten (außer dem Matchatee) in die Mulde geben und alles rasch zu einem glatten Teig verkneten.

Den Teig teilen und die Hälfte mit dem Matchatee einfärben. Beide Teile so miteinander verkneten, dass eine marmorierte Rolle (Durchmesser 5 cm) entsteht. Rolle in Frischhaltefolie verpackt 30 Minuten im Kühlschrank ruhen lassen.

Den Backofen auf 180 °C Ober-/Unterhitze vorheizen. Die Rolle aus dem Kühlschrank nehmen und 1 cm dicke Scheiben abschneiden. Auf ein mit Backpapier ausgelegtes Backblech geben und 10–14 Minuten backen, die Backzeit richtet sich nach der Größe der Kekse.

Tipp: Ihr könnt die Butter 1:1 durch Margarine ersetzen und habt so vegane Kekse.

Goji-Apfel-Cookies

- 220 g Weizenmehl (Type 405)
- 1 TL Backpulver
- 140 g kernige Haferflocken
- 80 g Zartbitterkuvertüre
- 100 g Apfel
- 150 g weiche Butter
- 1 Prise Salz
- 200 g Rohrzucker
- 1 TL Vanillezucker (Rezept S. 106)
- ¼ TL gemahlener Zimt
- 1 Ei
- 4 EL Milch
- 60 g getrocknete Gojibeeren

Den Backofen auf 180 °C Ober-/Unterhitze vorheizen. Mehl und Backpulver in eine Schüssel sieben und mit den Haferflocken vermengen. Die Kuvertüre grob hacken. Den Apfel schälen, entkernen und in kleine Stücke schneiden. Butter, Salz, Zucker, Vanillezucker und Zimt in einer zweiten Schüssel schaumig rühren. Ei und Milch dazugeben und noch einmal gut verrühren.

Apfelstücke, Gojibeeren, Kuvertüre und die Mehlmischung unterrühren. Walnussgroße Portionen auf ein mit Backpapier ausgelegtes Backblech geben und im Ofen 10–15 Minuten backen, die Backzeit richtet sich nach der Größe der Cookies.

Orangenzucker

*Statt des Orangenzuckers lässt sich auf dieselbe Art **Zitronenzucker** zubereiten. Um noch mehr Frische in den Zucker zu bekommen, kann man eine Zitrone gegen eine Limette austauschen. Sowohl der Orangenzucker als auch der Zitronenzucker können immer dann verwendet werden, wenn ein Rezept Abrieb vorsieht und man keine frischen Zitrusfrüchte dafür im Haus hat. Dann aber bitte mit der Zuckermenge im Rezept aufpassen und diese um die Zitruszuckermenge reduzieren.*

Microplane-Reibe

- 3 Bio-Orangen
- 200 g Zucker

Die Orangen gründlich mit heißem Wasser waschen, dann abtrocknen. Mit der Microplane-Reibe die orange Schicht der Schale fein abreiben. (Nicht das Weiße mitreiben, sonst schmeckt der Zucker hinterher bitter.)

Den Orangenabrieb mit dem Zucker mischen und auf ein mit Backpapier ausgelegtes Backblech streuen. Offen 1–2 Tage trocknen lassen, gelegentlich durchrütteln. Sobald der Zucker komplett trocken ist, in ein großes Schraubglas füllen.

Vanillezucker

*Vanillezucker selber zu machen ist nicht nur total einfach, er schmeckt auch einfach viel besser. Am besten verschenkt ihr nicht gleich alles, denn in vielen Rezepten in diesem Buch kommt Vanillezucker zum Einsatz. Z. B. bei den Toffee Cashew Blondies von Seite 66.
Also: Ein kleines Schraubgläschen für euch zur Seite stellen!*

- 2 Vanilleschoten
- 250 g Zucker

Die Vanilleschoten längs aufschneiden und das Mark herauskratzen. Vanillemark und Zucker gut vermengen. Den gemischten Zucker mit den ausgekratzten Schoten in ein Schraubglas füllen und verschließen.

Tipp: Um eine malzige Note zu bekommen, kann man die Hälfte des Zucker durch Kokosblütenzucker ersetzen.

tröster

Trinkschokolade mit Gewürzen und Marshmallows

5 Mini-Muffinförmchen, Mini-Crinkle-Cups (z.B. von Brinkmann) und alte Silberlöffel

Zum Verschenken
- 200 g Zartbitterkuvertüre
- 4 Prisen Lebkuchengewürz
- Mini-Marshmallows zum Bestreuen

Zuhause dazugeben
- 200 ml Milch pro Portion

Die Zartbitterkuvertüre im Wasserbad temperieren (s. Tipp S. 38), mit Lebkuchengewürz abschmecken. Mini-Muffinförmchen mit der Kuvertüre füllen und mit Mini-Marshmallows bestreuen. Sobald die Kuvertüre etwas fester geworden ist, jeweils einen Löffel hineinstechen und nun komplett auskühlen lassen. In Zellophan eingeschlagen verschenken.

Zuhause nur die Milch erhitzen, den Löffel mit der Schoko aus dem Förmchen lösen und in die heiße Milch geben. Die Schoko unter Rühren lösen.

Tipp: Ohne die Löffel funktioniert das ebenso.

Vanille-Marshmallows

Quadratische Form (24 x 24 cm)

Marshmallows
- 18 g gemahlene Gelatine
- 180 ml kaltes Wasser
- 300 g Puderzucker
- 2–3 Tropfen natürliches Vanillearoma (z. B. von Sosa)

außerdem
- 1 EL Öl
- 60 g Speisestärke
- 30 g Puderzucker

Die Gelatine mit dem kalten Wasser verrühren und 4 Minuten quellen lassen. Anschließend sorgfältig rühren, bis die Gelatine sich komplett aufgelöst hat. Den Puderzucker in eine Schüssel sieben. Puderzucker und Gelatine-Flüssigkeit 5 Minuten aufschlagen, bis eine luftige Masse entsteht. Die Masse mit dem Vanillearoma abschmecken.

Die Form ganz dünn mit Öl einfetten. Speisestärke mit Puderzucker mischen und sieben. Die Form mit etwas Speisestärke-Puderzucker-Mischung ausstäuben, dazu die Mischung noch einmal durch ein Sieb direkt in die Form stäuben. Die restliche Mischung beseitestellen.

Die Masse in die Form füllen, glatt streichen, mit Frischhaltefolie abdecken und fest werden lassen, bis die Masse schnittfest ist (das dauert ca. 4 Stunden). Die Frischhaltefolie entfernen, mit etwas der Speisestärke-Puderzucker-Mischung bestäuben, und die Marshmallowmasse mit einem Messer vom Rand der Form lösen. Marshmallows aus der Form stürzen und in Stücke schneiden. Die einzelnen Stücke in der restlichen Speisestärke-Puderzucker-Mischung wälzen oder rundum damit bestäuben.

Amarettini

Macht am besten gleich die doppelte Menge. Dann könnt ihr die Hälfte verschenken und habt die andere Hälfte für den Espresso am Nachmittag.

- 2–4 EL Puderzucker
- 250 g Marzipanrohmasse
- 100 g Zucker
- 38 g Eiweiß
- Abrieb von 1 Bio-Orange

Den Backofen auf 190 °C Ober-/Unterhitze vorheizen. Den Puderzucker sieben und in eine flache Schale geben. Alle weiteren Zutaten in eine Schüssel geben und zu einer glatten Masse arbeiten. Je 14 g abwiegen und zu Kugeln formen. Diese in Puderzucker wälzen und auf ein mit Backpapier ausgelegtes Backblech geben. Im Ofen ca. 20 Minuten backen, die Backzeit richtet sich nach der Größe der Kekse.

Karamell-Macarons

digitales Küchenthermometer

Spritzbeutel mit Lochtülle (8–10 mm)

Füllung
- 40 g Butter
- 120 g Zucker
- 160 g Crème fraîche

Macarons
- 200 g Mandelmehl
- 200 g Puderzucker
- 150 g Eiweiß
- 200 g feiner Zucker
- 50 ml Wasser
- braune Lebensmittelfarbe

Für die Füllung die Butter in kleine Stücke schneiden. Den Zucker in einem Topf nicht zu dunkel karamellisieren, den Topf vom Herd nehmen und die Butter nach und nach einrühren, bis eine cremige Masse entsteht. Die Crème fraîche unterrühren und einmal aufkochen. In ein flaches Gefäß umfüllen, damit die Zuckermasse schnell abkühlen kann.

Das Mandelmehl mit dem Puderzucker sieben und mit 75 g Eiweiß zu einer Masse verarbeiten. Das Wasser mit dem feinen Zucker in einen Topf geben, verrühren und auf 116 °C erhitzen, dann vom Herd nehmen. Der so entstandene Zucker nennt sich Flugzucker.

Das restliche Eiweiß leicht aufschlagen, den Flugzucker im dünnen Strahl zugeben und das Eiweiß steif schlagen. Nun die Farbe zugeben und vorsichtig unterrühren. Die Eiweißmischung zur Mandelmasse geben und vorsichtig unterheben. Die Masse in einen Spritzbeutel mit Lochtülle füllen und gleichmäßige Tupfen (ca. 2 cm) auf die Silikonmatte dressieren. Die Macarons ca. 25 Minuten abtrocknen lassen.

Den Backofen auf 160 °C Ober-/Unterhitze vorheizen und die Macarons darin ca. 10 Minuten backen. Aus dem Ofen nehmen und auskühlen lassen. Die Hälfte der Macarons mit der Karamellcreme füllen, die restlichen Macarons als Deckel auflegen und leicht andrücken.

Tipp: Es muss Mandelmehl sein, kein Mandelgrieß oder gemahlene Mandeln, diese sind zu grob in der Struktur.

Optimal ist es, wenn das Thermometer an den Topf geklippt werden kann, damit ihr die ganze Zeit die Temperatur im Auge behalten könnt.

Mini-Gugelhupf mit Goji und Kokos

Silikonform (15er, z. B. Violet, klein, von Birkmann)

- 50 g Weizenmehl (Type 405)
- 1 TL Backpulver
- 50 g kernige Haferflocken
- 50 g Kokosöl
- 100 g Kokosmilch
- 65 g Zucker
- 1 TL Zitronenzucker (Rezept S. 104)
- 1 Ei (Größe M)
- 1 Prise Salz
- 25 g getrocknete Gojibeeren
- 1 Packung weiße Cake Melts (weiße Schokodrops, z. B. von Birkmann)

Den Backofen auf 190 °C Ober-/Unterhitze vorheizen. Mehl und Backpulver in eine Schüssel sieben, Haferflocken dazugeben und vermengen. Kokosöl, Kokosmilch, Zucker, Zitronenzucker, Ei und das Salz in einer zweiten Schüssel miteinander verrühren. Die Mehlmischung dazugeben und verrühren, die Gojibeeren untermischen. Die Masse in die Silikonformen füllen. Sie passt nicht komplett in die 15er-Form, daher zwei Runden backen.

Die Mini-Gugel 8–15 Minuten backen, die Backzeit richtet sich nach der Größe der Gugel. Aus dem Ofen nehmen und auskühlen lassen. Sind alle Gugel fertig, die Form reinigen. Die Cake Melts schmelzen und die Form zu einem Drittel mit der Schokolade füllen. Die ausgekühlten Minis zurück in die Form geben und leicht hineindrücken. Im Gefrierfach 30 Minuten kalt werden lassen, dann vorsichtig aus der Form lösen.

Kirsch-Baiser

Wer kein Fruchtpulver hat, kann durch Lebensmittelfarbe dieselbe Marmorierung hinbekommen, aber leider nicht den schönen Geschmack. Statt des Kirschpulvers schmeckt auch Passionsfrucht, Erdbeere, Himbeere oder Cassis im Baiser.

digitales Küchenthermometer

- 150 g Eiweiß
- 1 Prise Salz
- 300 g Zucker
- 40 g Wasser
- 1 TL Fruchtpulver Kirsche (z. B. von Bos Food)

Eiweiß, Salz und 150 g Zucker zu Eischnee schlagen. Den restlichen Zucker (150 g) mit dem Wasser in einen Topf geben, verrühren und auf 117 °C erhitzen, dann vom Herd nehmen. Der so entstandene Zucker nennt sich Flugzucker. Den heißen Flugzucker in einem dünnen Strahl bei laufender Maschine in den Eischnee einlaufen lassen. Dann den Eischnee rühren, bis er kühler und stabil ist.

Den Backofen auf 80 °C Ober-/Unterhitze vorheizen. Etwas Fruchtpulver über den Eischnee streuen und grob unterheben, sodass eine schöne Marmorierung entsteht. Mit einem Löffel wilde Klecks der Baisermasse auf ein mit Backpapier ausgelegtes Backblech geben. Im Ofen 10–15 Minuten trocken, die Backzeit hängt von der Größe der Baisers ab.

Tipp: Optimal ist es, wenn das Thermometer an den Topf geklippt werden kann, damit ihr die ganze Zeit die Temperatur im Auge behalten könnt.

Macadamia-Fudge

Quadratische Backform (24 x 24 cm)

- 350 g Vollmilchkuvertüre
- 1 Dose süße Kondensmilch (400 g)
- 1 TL natürliches Vanillearoma
- 45 g weiche Butter
- 60 g Macadamiakerne
- 25 g goldene Knallbrause (von Sosa, alternativ Puffreis)

Die Form mit Backpapier auslegen, sodass dieses etwas über den Rand hinaussteht. Die Schokolade klein hacken, mit Kondensmilch, Vanillearoma und Butter mischen. Im Wasserbad erwärmen und die Kuvertüre unter Rühren schmelzen. Die Masse sollte eine dickliche Konsistenz haben. Die Schokomasse in die vorbereitete Form geben und glatt streichen. Mit Macadamia und Knallbrause bestreuen, mit Frischhaltefolie abdecken und mind. 3 Stunden im Kühlschrank fest werden lassen.

Fudge aus der Form lösen und in beliebig große Würfel schneiden.

Schokolierte Himbeeren

*Die süßen Früchte lassen sich ganz hübsch in alten Dosen verpacken.
Stöbert dafür ruhig mal ausgiebig auf dem Flohmarkt.*

- 100 g Fruchtpulver Himbeere (z. B. von Bos Food)
- 200 g weiße Kuvertüre
- 70 g ganze, gefriergetrocknete Himbeeren

Das Himbeerpulver sieben und in einen flachen Behälter geben. Die Kuvertüre hacken und im Wasserbad temperieren (s. Tipp S. 38). Die Himbeeren einzeln in die Kuvertüre geben, mit der Pralinengabel herausnehmen und auf einem Gitter abtropfen lassen. Den Vorgang mit den restlichen Himbeeren wiederholen. Die Himbeeren etwa 20 Minuten fest werden lassen, dann in die vorberei-tete Himbeerpulverbox geben und hin und her wälzen, bis sie komplett bestäubt sind. Im Himbeerpulver komplett abkühlen lassen, dann herausnehmen.

· 125 ·

Backmischungen für Muffins

Einmachglas (mind. 600 ml)

Muffinförmchen oder Muffinbackblech (nach Geschmack 12er- oder Mini-Muffinform)

CRANBERRY-ARONIA-MUFFIN

Für das Glas
- 80 g Weizenmehl (Type 405)
- ½ TL Backpulver
- 70 g Vollkornmehl
- 50 g Kokosblütenzucker
- 90 g weiße Schokoladendrops
- 50 g Zucker
- 10 g Kakaopulver
- 1 Prise Salz
- 2 TL Zitronenzucker (Rezept S. 104)
- 10 g Kokosflocken
- 15 g getrocknete Aroniabeeren
- 15 g getrocknete, softe Cranberrys

Zuhause dazugeben
- 70 g Sonnenblumenöl
- 1 Ei (Größe M)
- 150 g Buttermilch

MARSHMALLOW-CHOCOLATE-MUFFIN

Für das Glas
- 80 g Weizenmehl (Type 405)
- ½ TL Backpulver
- 50 g Rohrzucker
- 70 g Vollkornmehl
- 50 g Kokosblütenzucker
- 100 g Zartbitterkuvertüre (Kakaoanteil 80 %)
- 10 g Kakaopulver
- 1 Prise Salz
- 2 TL Vanillezucker (Rezept S. 106)
- 25 g Mini-Marshmallows

Zuhause dazugeben
- 70 g Sonnenblumenöl
- 1 Ei (Größe M)
- 150 g Kefir

Anleitung für den Schenkenden
Sämtliche Gläser werden zunächst mit kochend heißem Wasser ausgespült und gut abgetrocknet. Die trockenen Zutaten nach der Reihenfolge in der Zutatenliste in ein Glas (mind. 600 ml) füllen, die einzelnen Schichten etwas andrücken. Das Glas fest zuschrauben.

Die Backanleitung für den Beschenkten
Du brauchst noch 70 g Sonnenblumenöl, 1 Ei (Größe M) und 150 g Buttermilch bzw. Kefir. Heize den Backofen auf 180 °C Ober-/Unterhitze vor. Nimm die Beeren bzw. die Marshmallows vorsichtig aus dem Glas und lege sie zur Seite.

Öl, Ei und Buttermilch bzw. Kefir in einer Schüssel verrühren, die Backmischung aus dem Glas dazugeben und gut vermengen. Zum Schluss die Beeren bzw. die Marshmallows vorsichtig unterrühren und die Masse in die Förmchen verteilen. Im Ofen 10–20 Minuten backen, die Backzeit richtet sich nach Größe und auch Tiefe der Mulden.

• 127 •

Erdbeer-Prosecco-Kekse

Ausstecher Tropfenform

Runder Ausstecher für die Löcher

Teig
- 210 g Weizenmehl (Type 405) zzgl. etwas zum Ausrollen
- ½ TL Backpulver
- 70 g Puderzucker zzgl. etwas zum Bestäuben
- 1 Eigelb
- 140 g Butter
- Abrieb von ½ Bio-Orange

Fruchtaufstrich
- 250 g Erdbeeren
- 150 g Prosecco
- 200 g Gelierzucker 2:1

Mehl mit dem Backpulver in eine Schüssel sieben und eine Mulde hineindrücken. Die restlichen Zutaten für den Teig in die Mulde geben und alles rasch zu einem glatten Teig verkneten. Den Teig zu einem kompakten Rechteck formen und in Frischhaltefolie verpackt 30 Minuten im Kühlschrank ruhen lassen.

Den Backofen auf 190 °C Ober-/Unterhitze vorheizen. Teig 3 mm dünn ausrollen, Tropfen ausstechen. Aus der Hälfte der Kekse mit dem runden Ausstecher kleine Kreise ausstechen. Die Kekse auf ein mit Backpapier ausgelegtes Backblech geben und 8–10 Minuten goldbraun backen, die Kekse ohne Loch brauchen kürzer, daher auf verschiedenen Blechen in den Ofen geben. Die Backzeit richtet sich nach der Größe der Kekse, bitte daher beim Backen gut beobachten. Aus dem Ofen nehmen und komplett auskühlen lassen. Die Kekse mit dem Loch mit Puderzucker bestäuben.

Die Erdbeeren waschen und putzen. Mit dem Prosecco fein pürieren und aufkochen lassen. Den Gelierzucker dazugeben, unterrühren und unter ständigem Rühren 4 Minuten sprudelnd kochen. Den Fruchtaufstrich in eine saubere Schüssel umfüllen und auskühlen lassen. Anschließend glatt rühren.

Die Kekse ohne Loch mit dem Fruchtmus bestreichen, die Kekse mit Loch aufsetzen und leicht andrücken.

Teebeutel-Kekse

Teig
- 210 g Weizenmehl (Type 405)
- ½ TL Backpulver
- 70 g Puderzucker
- 1 Eigelb
- 140 g weiche Butter
- Abrieb von ½ Bio-Limette

Deko
- 1 Glas Aprikosen-Konfitüre
- 30 g getrocknete essbare Blüten (Rosenblüten, Kronblumen, Minzblätter, Ringelblumen)

Mehl mit dem Backpulver in eine Schüssel sieben und eine Mulde hineindrücken. Die restlichen Zutaten für den Teig in die Mulde geben und alles rasch zu einem glatten Teig verkneten. Den Teig zu einem kompakten Rechteck formen und in Frischhaltefolie verpackt 30 Minuten im Kühlschrank ruhen lassen.

Den Backofen auf 190 °C Ober-/Unterhitze vorheizen. Den Teig aus dem Kühlschrank nehmen und 2 mm dünn ausrollen. In kleine Rechtecke schneiden und an einer der kurzen Seiten zwei Ecken abschneiden, sodass der Keks wie ein Teebeutel aussieht. An derselben Seiten mit einem Strohhalm oder einem sehr kleinen runden Ausstecher ein Loch ausstechen, durch dieses wird später ein Garn gezogen.

Die Kekse auf ein mit Backpapier ausgelegtes Backblech geben und im Ofen 8–10 Minuten goldgelb backen, die Backzeit richtet sich nach der Größe der Kekse.

Aus dem Ofen nehmen. Die Aprikosen-Konfitüre in einem kleinen Topf aufkochen lassen und die Kekse mit der heißen Konfitüre bestreichen. Das untere Drittel sofort mit den Blüten bestreuen. Fest werden lassen und ein hübsches Band durch den Keks ziehen.

Nuss-Turron

quadratische Backform (24 x 24 cm)

digitales Küchenthermometer

- 1 Packung eckige Oblaten
- 150 g Mandeln mit Schale
- 100 g Nussmix
- 50 g Pistazienkerne
- 100 g Honig
- 70 g Glukosesirup
- 245 g Zucker
- 95 ml Wasser
- 2 Eiweiß (Größe M)

Die Backform mit den Oblaten auslegen. Den Backofen auf 180 °C Ober-/Unterhitze vorheizen, Mandeln und den Nussmix auf ein Backblech geben und 5 Minuten im Ofen leicht rösten, herausnehmen und abkühlen lassen. Mandeln, Nussmix und Pistazien mischen.

Honig, Glukosesirup, Zucker und Wasser verrühren und auf 125 °C erhitzen.

Eiweiß sehr steif schlagen und den heißen Zuckersud in einem dünnen Strahl unter ständigem Rühren in das Eiweiß laufen lassen. 20 Minuten weiterschlagen und dabei abkühlen lassen.

Nun muss es zügig gehen: Den Nussmix unterheben und die Masse auf den Oblaten verteilen. Eine weitere Schicht Oblaten daraufgeben, etwas andrücken und die Masse 24 Stunden fest werden lassen.

Tipp: Optimal ist es, wenn das Thermometer an den Topf geklippt werden kann, damit ihr die ganze Zeit die Temperatur im Auge behalten könnt.

regi

ster

Register

A

Akazienhonig:
Backmischung Physalis-Müsliriegel 26
Amarenakirschen:
Schokolierte Amarenakirschen 36
Amarettini 114
Ananas, kandiert:
Backmischung Ananas-Mango-Florentiner 62
Ananasmark: Ananas-Kokos-Pralinen 52
Apfel: Goji-Apfel-Cookies 102
Apfelsaft
Fruchtgelees 72
Schwarze-Kirsche-Fruchtgelees 86
Aprikosen, getrocknet:
Aprikosen-Kürbis-Turron 96
Aprikosen-Konfitüre: Teebeutel-Kekse 130
Aroniabeeren, getrocknet
Aornia-Mini-Gugelhupf 70
Backmischung Cranberry-Aronia-Muffin 126

B

Backmischungen für Florentiner 62
Backmischungen für Muffins 126
Backmischungen für Müsliriegel 26
Batida de Coco: Ananas-Kokos-Pralinen 52
Beeren-Turron 97
Belegkirschen: Backmischung Klassische Florentiner 62
Berberitzen, getrocknet:
Kokos-Berberitzen-Eiskonfekt 92
Blattgold: Mango-Rum-Trüffel mit Blattgold 30

Blüten, getrocknet: Teebeutel-Kekse 130
Brezel-Karamell-Brownies 18
Butter
Aronia-Mini-Gugelhupf 70
Backmischung Ananas-Mango-Florentiner 62
Backmischung Klassische Florentiner 62
Backmischung Physalis-Müsliriegel 26
Backmischung Power-Müsliriegel 26
Brezel-Karamell-Brownies 18
Erdbeer-Prosecco-Kekse 128
Espresso-Fudge 24
Geflügelte Tassenkekse 98
Goji-Apfel-Cookies 102
Himbeer-Fudge 84
Karamell-Macarons 116
Macadamia-Fudge 122
Maracuja-Curd-Kekse 60
Orangen-Madeleines 64
Rosen-Chia-Madeleines 82
Salt Toffee Cookies 46
Schoko-Madeleines 22
Teebeutel-Kekse 130
Toffee Cashew Blondies 66
Unicorn Cookies 76
Unicorn Poo 78
Butter, gesalzen
Glückskekse 58
Schoko-Cookies mit flüssigem Kern 42
Buttermilch:
Backmischung Cranberry-Aronia-Muffin 126

C

Cake Melts
Aronia-Mini-Gugelhupf 70
Mini-Gugelhupf mit Goji und Kokos 118

Cashewkerne: Toffee Cashew Blondies 66

Cassis-Trüffel-Pralinen 94

Chia-Samen
Backmischung Physalis-Müsliriegel 26
Rosen-Chia-Madeleines 82

Chili-Rum-Trinkschokolade 50

Coffee Flower 40

Cointreau: Orangen-Marzipan-Pralinen 56

Cranberrys, getrocknet
Backmischung Cranberry-Aronia-Muffin 126
Pistazien-Cranberry-Cantuccini (Tipp) 48

E

Ei
Amarettini 114
Aprikosen-Kürbis-Turron 96
Aronia-Mini-Gugelhupf 70
Backmischung Cranberry-Aronia-Muffin 126
Backmischung Marshmallow-Chocolate-Muffin 126
Brezel-Karamell-Brownies 18
Coffee Flower 40
Erdbeer-Prosecco-Kekse 128
Geflügelte Tassenkekse 98
Glückskekse 58
Goji-Apfel-Cookies 102
Himbeer-Macarons 68
Karamell-Macarons 116
Kirsch-Baiser 120
Klassische Cantuccini 48
Mango-Macarons 80
Maracuja-Curd-Kekse 60
Mini-Gugelhupf mit Goji und Kokos 118

Ei
Nuss-Turron 132
Orangen-Madeleines 64
Pistazien-Macarons 68
Rosen-Chia-Madeleines 82
Salt Toffee Cookies 46
Schoko-Cookies mit flüssigem Kern 42
Schoko-Madeleines 22
Teebeutel-Kekse 130
Toffee Cashew Blondies 66
Unicorn Cookies 76
Unicorn Poo 78
Zimt-Schoko-Baiser 32

Eiskonfekt „Mini-Gugel" mit Minze 38

Erdbeeren: Erdbeer-Prosecco-Kekse 128
Erdnussbutter: Brezel-Karamell-Brownies 18
Erdnüsse: Brezel-Karamell-Brownies 18
Espressobohnen, geröstet:
Schokolierte Espressobohnen 34

Espresso-Fudge 24

F

Frischkäse
Brezel-Karamell-Brownies 18
Unicorn Poo 78

Fruchtmark
Fruchtgelees 72
Schwarze-Kirsche-Fruchtgelees 86

Fruchtpulver
Cassis-Trüffel-Pralines 94
Kirsch-Baiser 120
Schokolierte Himbeeren 124

G

Geflügelte Tassenkekse 98

Gelatine
- Himbeer-Marshmallows 88
- Schokoladen-Marshmallows 20
- Vanille-Marshmallows 112

Gelierzucker
- Erdbeer-Prosecco-Kekse 128
- Himbeer-Macarons 68
- Mango-Macarons 80

Glückskekse 58

Glukosesirup
- Ananas-Kokos-Pralinen 52
- Aprikosen-Kürbis-Turron 96
- Cassis-Trüffel-Pralinen 94
- Fruchtgelees 72
- Mango-Rum-Trüffel mit Blattgold 30
- Nuss-Turron 132
- Schwarze-Kirsche-Fruchtgelees 86

Gojibeeren, getrocknet
- Goji-Apfel-Cookies 102
- Mini-Gugelhupf mit Goji und Kokos 118

Goldstaub 30

Green-World-Kekse 100

H

Haferflocken
- Backmischung Physalis-Müsliriegel 26
- Backmischung Power-Müsliriegel 26
- Goji-Apfel-Cookies 102
- Mini-Gugelhupf mit Goji und Kokos 118

Haribo: Unicorn Cookies 76

Haselnusskerne:
- Backmischung Power-Müsliriegel 26

Himbeeraroma: Himbeer-Marshmallows 88

Himbeeren: Himbeer-Macarons 68

Himbeeren, gefriergetrocknet
- Himbeer-Fudge 84
- Schokolierte Himbeeren 124

Hohlkörper
- Ananas-Kokos-Pralinen 52
- Cassis-Trüffel-Pralinen 94
- Mango-Rum-Trüffel mit Blattgold 30

Holunderblütensirup: Aronia-Mini-Gugelhupf 70

Honig
- Aprikosen-Kürbis-Turron 96
- Nuss-Turron 132

I

Ingweröl 58

K

Kaffeearoma: Espresso-Fudge 24

Kakaobohnenbruch: Espresso-Fudge 24

Kakaopulver
- Backmischung Marshmallow-Chocolate-Muffin 126
- Brezel-Karamell-Brownies 18
- Eiskonfekt „Mini-Gugel" mit Minze 38
- Orangen-Madeleines 64
- Schoko-Cookies mit flüssigem Kern 42
- Schokoladen-Marshmallows 20
- Schokolierte Amarenakirschen 36
- Schoko-Madeleines 22
- Zimt-Schoko-Baiser 32

Karamell-Macarons 116

Karamellsauce: Brezel-Karamell-Brownies 18

Kirsch-Baiser 120

Kirschwasser
- Pistazien-Macarons 68
- Pistazien-Marzipan-Pralinen 54

Klassische Cantuccini 48

Klassische Florentiner 62
Knallbrause 122
Knusper-Brezel: Brezel-Karamell-Brownies 18
Kokos-Berberitzen-Eiskonfekt 90

Kokosblütenzucker
    Backmischung Marshmallow-Chocolate-Muffin 126
    Kokos-Berberitzen-Eiskonfet 92

Kokosflocken
    Backmischung Cranberry-Aronia-Muffin 126
    Backmischung Power-Müsliriegel 26

Kokosöl
    Kokos-Berberitzen-Eiskonfekt 92
    Mini-Gugelhupf mit Goji und Kokos 118

Kokosraspel: Ananas-Kokos-Pralinen 52

Kondensmilch, süß
    Espresso-Fudge 24
    Himbeer-Fudge 84
    Macadamia-Fudge 122

Kürbiskerne
    Aprikosen-Kürbis-Turron 96
    Backmischung Power-Müsliriegel 26
    Kokos-Berberitzen-Eiskonfet 92

Kuvertüre
    Backmischung Ananas-Mango-Florentiner 62
    Backmischung Klassische Florentiner 62
    Backmischung Marshmallow-Chocolate-Muffin 126
    Brezel-Karamell-Brownies 18
    Chili-Rum-Trinkschokolade 50
    Coffee Flower 40
    Eiskonfekt „Mini-Gugel" mit Minze 38
    Espresso-Fudge 24
    Goji-Apfel-Cookies 102
    Macadamia-Fudge 122
    Mango-Rum-Trüffel mit Blattgold 30
    Regenbogen-Schoki 90
    Salt Toffee Cookies 46

Kuvertüre
    Schokolierte Amarenakirschen 36
    Schokolierte Espressobohnen 34
    Schoko-Madeleines 22
    Toffee Cashew Blondies 66
    Trinkschokolade mit Gewürzen und Marshmallows 110
    Zimt-Weinbrand-Trinkschokolade 28

L

Lebensmittelfarbe
    Himbeer-Macarons 68
    Karamell-Macarons 116
    Mango-Macarons 80
    Regenbogen-Schoki 90
    Unicorn Cookies 76
    Unicorn Poo 78

M

Macadamiakerne: Macadamia-Fudge 122

Mandelblättchen
    Backmischung Ananas-Mango-Florentiner 62
    Backmischung Klassische Florentiner 62

Mandelmehl
    Himbeer-Macarons 68
    Karamell-Macarons 116
    Mango-Macarons 80
    Pistazien-Macarons 68

Mandelmilch: Green-World-Kekse 100

Mandeln 132,
    Aprikosen-Kürbis-Turron 96
    Backmischung Ananas-Mango-Florentiner 62
    Backmischung Klassische Florentiner 62
    Gebrannte Mandeln 34
    Green-World-Kekse 100
    Klassische Cantuccini 48

Mandeln
- Nuss-Turron 132
- Orangen-Madeleines 64
- Rosen-Chia-Madeleines 82

Mandeln, gemahlen
- Orangen-Madeleines 64
- Rosen-Chia-Madeleines 82

Mango
- Mango-Macarons 80
- Mango-Rum-Trüffel mit Blattgold 30

Mango, getrocknet:
- Backmischung Ananas-Mango-Florentiner 62

Maracujamark: Maracuja-Curd-Kekse 60

Margarine: Green-World-Kekse 100

Marshmallows
- Backmischung Marshmallow-Chocolate-Muffin 126
- Himbeer-Marshmallows 88
- Schokoladen-Marshmallows 20
- Trinkschokolade mit Gewürzen und Marshmallows 110
- Vanille-Marshmallows 112

Marzipanrohmasse
- Amarettini 114
- Klassische Cantuccini 48
- Orangen-Marzipan-Pralinen 56
- Pistazien-Macarons 68
- Pistazien-Marzipan-Pralinen 54

Matchatee-Pulver: Green-World-Kekse 100

Mini-Gugelhupf mit Goji und Kokos 118

Minzöl: Eiskonfekt „Mini-Gugel" mit Minze 38

Mohn: Backmischung Power-Müsliriegel 26

N

Nussmix: Nuss-Turron 132

O

Oblaten
- Aprikosen-Kürbis-Turron 96
- Nuss-Turron 132

Orange
- Amarettini 114
- Backmischung Ananas-Mango-Florentiner 62
- Backmischung Klassische Florentiner 62
- Backmischung Power-Müsliriegel 26
- Erdbeer-Prosecco-Kekse 128
- Orangen-Madeleines 64
- Orangen-Marzipan-Pralinen 56
- Orangenzucker 104
- Toffee Cashew Blondies 66

Orangeat
- Backmischung Ananas-Mango-Florentiner 62
- Backmischung Klassische Florentiner 62

Orangen, halbkandiert:
- Orangen-Marzipan-Pralinen 56

Orangenhonig 82
- Backmischung Power-Müsliriegel 26
- Orangen-Madeleines 64
- Rosen-Chia-Madeleines 82

P

Pektin
- Fruchtgelees 72
- Schwarze-Kirsche-Fruchtgelees 86

Physalis, getrocknet:
- Backmischung Physalis-Müsliriegel 26

Pistazienkerne
- Backmischung Physalis-Müsliriegel 26
- Nuss-Turron 132
- Pistazien-Cranberry-Cantuccini 48
- Pistazien-Macarons 86
- Pistazien-Marzipan-Pralinen 54

Power-Müsliriegel 26

Prosecco
    Erdbeer-Prosecco-Kekse 128
    Mango-Macarons 80

Puderzucker
    Erdbeer-Prosecco-Kekse 128
    Fruchtgelees 72
    Geflügelte Tassenkekse 98
    Glückskekse 58
    Himbeer-Macarons 68
    Himbeer-Marshmallows 88
    Karamell-Macarons 116
    Mango-Macarons 80
    Maracuja-Curd-Kekse 60
    Orangen-Marzipan-Pralinen 56
    Pistazien-Macarons 68
    Pistazien-Marzipan-Pralinen 54
    Schokoladen-Marshmallows 20
    Schokolierte Espressobohnen 34
    Schwarze-Kirsche-Fruchtgelees 86
    Teebeutel-Kekse 130
    Unicorn Cookies 76
    Vanille-Marshmallows 112

R

Regenbogen-Schoki 90
Rohrzucker: Green-World-Kekse 100
Rolo-Schokolade:
    Schoko-Cookies mit flüssigem Kern 42
Rosenwasser: Rosen-Chia-Madeleines 82
Rote-Bete-Pulver
    Himbeer-Marshmallows 88
    Schoko-Cookies mit flüssigem Kern 42
Rum
    Chili-Rum-Trinkschokolade 50
    Mango-Rum-Trüffel mit Blattgold 30

S

Sahne 30, 52, 62, 94
    Ananas-Kokos-Pralinen 52
    Backmischung Ananas-Mango-Florentiner 62
    Backmischung Klassische Florentiner 62
    Cassis-Trüffel-Pralinen 94
    Mango-Rum-Trüffel mit Blattgold 30
Salt Toffee Cookies 46
Schmand: Aronia-Mini-Gugelhupf 70
Schoko-Cookies mit flüssigem Kern 42
Schoko-Madeleines 22
Schokolade
    Ananas-Kokos-Pralinen 52
    Aronia-Mini-Gugelhupf 70
    Backmischung Ananas-Mango-Florentiner 62
    Backmischung Cranberry-Aronia-Muffin 126
    Backmischung Klassische Florentiner 62
    Backmischung Marshmallow-Chocolate-Muffin 126
    Backmischung Physalis-Müsliriegel 26
    Backmischung Power-Müsliriegel 26
    Brezel-Karamell-Brownies 18
    Cassis-Trüffel-Pralinen 94
    Chili-Rum-Trinkschokolade 50
    Coffee Flower 40
    Eiskonfekt „Mini-Gugel" mit Minze 38
    Espresso-Fudge 24
    Goji-Apfel-Cookies 102
    Himbeer-Fudge 84
    Macadamia-Fudge 122
    Mango-Rum-Trüffel mit Blattgold 30
    Mini-Gugelhupf mit Goji und Kokos 118
    Orangen-Madeleines 64
    Regenbogen-Schoki 90
    Salt Toffee Cookies 46
    Schoko-Cookies mit flüssigem Kern 42

Schokolade
- Schokoladen-Marshmallows 20
- Schokolierte Amarenakirschen 36
- Schokolierte Espressobohnen 34
- Schokolierte Himbeeren 124
- Schoko-Madeleines 22
- Toffee Cashew Blondies 66
- Trinkschokolade mit Gewürzen und Marshmallows 110
- Zimt-Schoko-Baiser 32
- Zimt-Weinbrand-Trinkschokolade 28

Schokoladen-Marshmallows 20
Schokolierte Amarenakirschen 36
Schokolierte Espressobohnen 34
Schokolierte Himbeeren 124
Schoko-Madeleines 22
Schwarze-Kirsche-Fruchtgelees 86

Speisestärke
- Himbeer-Marshmallows 88
- Schokoladen-Marshmallows 20
- Vanille-Marshmallows 112

T

Teebeutel-Kekse 130

Toffee Chunk
- Salt Toffee Cookies 46
- Toffee Cashew Blondies 66

Tonkabohne: Gebrannte Mandeln 34

Trinkschokolade mit Gewürzen und Marshmallows 110

U

Unicorn Cookies 76
Unicorn Poo 78

V

Vanille
- Himbeer-Macarons 68
- Vanillezucker – selbst gemacht 106

Vanillearoma
- Macadamia-Fudge 122
- Vanille-Marshmallows 112

Vanille-Marshmallows 112

Vanillezucker
- Aronia-Mini-Gugelhupf 70
- Backmischung Marshmallow-Chocolate-Muffin 126
- Brezel-Karamell-Brownies 18
- Coffee Flower 40
- Gebrannte Mandeln 34
- Goji-Apfel-Cookies 102
- Salt Toffee Cookies 46
- Toffee Cashew Blondies 66
- Unicorn Poo 78

Vollmilchkuvertüre
- Chili-Rum-Trinkschokolade 50
- Macadamia-Fudge 122

W

Weinbrand:
Zimt-Weinbrand-Trinkschokolade 28

Z

Zartbitterkuvertüre
- Backmischung Ananas-Mango-Florentiner 62
- Backmischung Klassische Florentiner 62
- Backmischung Marshmallow-Chocolate-Muffin 126
- Brezel-Karamell-Brownies 18
- Chili-Rum-Trinkschokolade 50
- Coffee Flower 40

Zartbitterkuvertüre

Eiskonfekt „Mini-Gugel" mit Minze 38
Espresso-Fudge 24
Goji-Apfel-Cookies 102
Mango-Rum-Trüffel mit Blattgold 30
Salt Toffee Cookies 46
Schokolierte Amarenakirschen 36
Schokolierte Espressobohnen 34
Schoko-Madeleines 22
Trinkschokolade mit Gewürzen und Marshmallows 110
Zimt-Weinbrand-Trinkschokolade 28

Zimt

Goji-Apfel-Cookies 102
Schokolierte Amarenakirschen 36
Zimt-Schoko-Baiser 32
Zimt-Weinbrand-Trinkschokolade 28

Zitronat

Backmischung Ananas-Mango-Florentiner 62
Backmischung Klassische Florentiner 62

Zitronenzucker – selbst gemacht 104

Mini-Gugelhupf mit Goji und Kokos 118
Backmischung Cranberry-Aronia-Muffin 126

Bezugsquellen

www.birkmann.de
www.backformen-onlineshop.de
www.bosfood.de

Danke

Mein Dank geht an Fackelträger dafür, dass ich dieses wunderschöne Buch machen durfte. Besonders an Ilka, die das perfekte Gespür für diese Buch hatte. An meinen besten Freund Benedikt Roth, der mit seinen Bildern Leben in meine Rezepte gebracht hat und mit dem ich immer viel zu lachen und großen Spaß hatte, trotz langer Shootingtage.

Ganz besonders danken möchte ich auch meinen Töchtern, die mich oft entbehren mussten. Dafür können sie, wenn sie groß sind, alles nachbacken und dabei vielleicht so viel Spaß haben, dass sie in meine Fußstapfen treten.

Ein Dank geht auch an alle Freunde, die als ehrliche Versuchskaninchen herhalten mussten und in dieser Zeit leider etwas zugenommen haben.

Außerdem geht mein Dank an die Firmen Bos Food, Kaiser und Birkmann, die mir die nötigen Produkte und Rohstoffe gerne zu Verfügung gestellt haben.

Impressum

© 2017 Fackelträger Verlag GmbH, Köln
Emil-Hoffmann-Straße 1
D-50996 Köln

Alle Rechte der Verbreitung, auch durch Film, Funk, Fernsehen, fotomechanische Wiedergabe, Tonträger aller Art, auszugsweisen Nachdruck oder Einspeicherung und Rückgewinnung in Datenverarbeitungsanlagen aller Art, sind vorbehalten.

Die Inhalte dieses Buches sind von Autorin und Verlag sorgfältig erwogen und geprüft, dennoch kann eine Garantie nicht übernommen werden. Eine Haftung von Autorin und Verlag für Personen-, Sach- und Vermögensschäden ist ausgeschlossen.

Texte, Rezepte und Foodstyling:
Andrea Schirmaier-Huber
www.konditorenweltmeisterin.com

Fotografie: Benedikt Roth
www.rothphotography.de

Prop- und Set-Styling: Jutta Mennerich

Projektleitung, Redaktion und Lektorat:
Ilka Grunenberg

Layout, Satz und Umschlaggestaltung:
Jefferson & Högerle
www.jefferson-hoegerle.com

Gesamtherstellung:
Fackelträger Verlag GmbH, Köln

ISBN 978-3-7716-4686-8
Printed in Poland

www.fackeltraeger-verlag.de